子どものこころ、大人のこころ

先生や保護者が判断を誤らないための手引書

原田眞理 著
HARADA Mari

ナカニシヤ出版

はじめに

二〇一一年に『子どものこころ──教室や子育てに役立つカウンセリングの考え方』を出版してから七年以上が経ちました。出版直前に東日本大震災が発災し、私自身は現在まで、避難者の方々と一緒に日々を歩ませていただいているような気持ちがしています。それに伴い、トラウマやＰＴＳＤの勉強をする時間もかなり増え、昨年はスタンフォード大学の客員教授として、National Center for PTSD で研究をしていました。

震災のみならず、いじめ、不登校、学級崩壊、虐待、自殺などさまざまな言葉がニュースやテレビで日々取り上げられています。おそらく多くの人が悲惨な状況にこころを痛め、どうしてこんなことが起きたのだろうと思われていることでしょう。しかし、一つの事件がその後どうなっていったか、その経過を追うことはあまりないように思うのです。ワイドショーは次々と新しい事件を報道し、過去の事件はどこかに消えてしまいます。そして過去の事件がどのように解決され、被害者加害者およびその家族がどのような想いをしたかということまでを知ることはとても難しいのです。これでは、かわいそう、ひどい、という感情的な次元で終わってしまいます。その次元で終わってしまうと、未然に防ぐという対策に結びついていかないのではないかと私は思うのです。社会のシステムを変えるのは時間がかかるのかもしれませんが、私たちの身近なことから、他人事でなく事態を捉え、具体的に身近な人の力になれる人が増えることが大切に思えるのです。

私ごとになりますが、私は約一五年病院臨床をし、その後約一〇年大学の学生相談室で勤務する傍ら、スクールカウンセラーをしており、患者やクライエントとの面接を続けていました。来室する方々の多くは、学校でのいじめや親子の関係などの理由により登校しようとすると身体症状が出現したり、不登校状態になってしまっている方たちでした。話を聴くと、担任の先生により、また所属する学校により全く対応が異なっていました。全体的な印象として、先生が関わってくれているケースは、学校に戻る確率が高かったと思います。何の連絡もなく放置されていたり、親が相談しても面倒くさい雰囲気を出す先生もおり、そのような場合、子どもたちはほとんど登校せず、ただ卒業証書を親がもらいに行くということも多くありました。なぜこんなに対応が違うのかと、半ば腹立ちも含めて調べるうちに、今度は教員のメンタルヘルスについて知識を得ました。現場の先生は非常に忙しく、過剰な労働をしており、さらに先生の中にもいじめがあるなどの実態を知りました。とはいえ、生きる上で不必要なこころの傷を負っている人は後を絶ちません。

そのころちょうど教員を目指す学生を教える現在の職場のお話をいただきました。一人ひとりの子どもたちやご両親と面接をすることも大切ですが、私が一人でそれをするよりも、現場の先生方がその役割ができるようになると、もっと大勢の子どもたちやご両親が早期に安定を取り戻すことができるのではないかと考え、異動を決意いたしました。

私たちの人生は、人との出会いによって大きく変化します。虐待を早期に発見した人、いじめられているときに気づいて力になってくれた先生、親とうまくいかないときに話を聴いてくれた先生、死にたいと思ったときに真剣に止めてくれた友達、など、人生においていくつかの重要な出会いがあると思います。一〇人に理解されなくても、一人でも自分を理解してくれる人がいれば、死は遠のいていきます。一方不運なことに、そのような出会いに恵まれない場合もあります。出会っても気がつかない場合もあります。

この本は、一人ひとりの子ども、大人に向き合うこと、こころの声が聴こえること、そして具体的に動くことができる人が一人でも増えることを望み、執筆いたしました。そしていじめなどの被害にあっている方、自分の子どもを守ろうと頑張っている保護者の方々、それぞれの現場で奮闘している方々など、こころを持つ人すべてを応援したいと思っています。

それでは、「はじめに」の最後に、この本の目的をまとめておきたいと思います。本著では、目に見えないこころの理解の仕方、サインの読み取り方を解説します。この方法を理解することにより、早期発見が可能となり、さらに的確な支援・協力・対応をすることが可能となると考えるからです。理解を伴わない闇雲な支援は、たまたま相手のニーズに合う場合もありますが、効率が悪いうえに、理解しようとする側に疲労が蓄積します。たとえば、家庭では、訳も分からず、泣く子をただあやしても、ただ叱ってもなかなかうまくいかないものです。また学校場面では、児童生徒は複数いるために、闇雲に努力をしていると、教員は瞬く間に疲れ、教員のメンタルヘルスが悪化するのは目に見えています。そして、自分が真面目に努力をすればするほど、相手に変化が見られないと、腹が立ったり、無力感が増加してくるものなのです。すなわち、理解をしようとして的確な対応をすることは、相手はもちろんのこと、自分自身のストレスの軽減にも還元されるのです。

また、私はあくまでも話題提供をし、私自身の考えを述べております。こころの理解や教育相談に正解というものはありませんので、私の考えを一つの意見と捉え、ご自身の考えをまとめてほしいと思います。

前拙著の「はじめに」に詳しく書きましたが、それぞれの事例は私が出会った事例をミックスして作ったもので、一例一例には苦しみや恐怖、不安、怒りなどこころの叫びがあります。大切に読んでほしいというのが私のお願いです。

目次

＊

子どものこころ、大人のこころ

――先生や保護者が判断を誤らないための手引書――

第1章　こころとは？

1　目に見えないこころ

この本では、「こころ」にフォーカスし、「こころ」の作用により生じてくるさまざまな状況や問題を考えます。そもそも「こころ」とはなんでしょう。「こころ」は目に見えないにもかかわらず、なぜ私たちはその存在を信じているのでしょうか。本論に入る前に、読者の方々に考えてほしいことがあります。

「あなたはこころがあると思いますか？　どのようなときにこころを感じますか？」

おそらく多くの方は喜怒哀楽に伴う感情の動きを考えたことでしょう。映画やドラマを見ているときにふと涙が流れたり、笑ったりすること、人がそのようにしている様子を見たときなどを考えられたのではないでしょうか。すなわち、こころ自体は目に見えませんが、私たちは涙や表情などの客観的に観察可能になったものを見て、自分や相手のこころを推察しているのです。

そもそも学校や会社を休むときに「熱があります」「咳が出ます」と身体的理由を述べて休むことはできますが、「こころの調子が悪いです」「こころに元気がありません」と申し出たならば、具体的な証拠を提示することもできず、おそらくほとんどの場合まともに受け付けてもらえないことでしょう。それどころか、弱い奴だなどと批判されかねません。

一方、もし「こころ」が身体症状のように目に見えるものであれば、自他の気づきが容易になるでしょう。たとえば、血だらけのこころやばっくり割れたこころを見れば「大丈夫？　どうしたの？」と声をかけたくなるでしょう。自分自身のこころが血だらけならば、それを無視するわけにもいかないでしょう。

しかし、実際のところ、こころは目に見えないのです。ではどうやってそのこころを理解していくのか。この本では目に見えないこころの理解の方法について解説をしていこうと思います。

2　サインに気づく

こころ自体が目に見えないとはいえ、こころはさまざまな形で目に見えるようなサインを送ってきています。たとえば、先ほどこころについて読者の皆様に質問をしました。映画やドラマを見ているときに、自然と涙が流れるのは、こころが涙というサインで客観的に観察可能な形で現れてきたのです。笑っている人を見て、楽しいのかなと予想をすることもできます。出会った瞬間に顔色が悪いと気がつくこともあります。このように、目に見える形でこころはさまざまにその姿を現しているのです。「サインに気づく」ことからこころの理解が始まるのです。

そのように考えると、すべての行動はサインと考えられると気づくでしょう。喜怒哀楽はもとより、いつもより元気がある／ない、多弁／無言、そして不登校もリストカットも万引きもすべてがサイン、こころからのメッセージだと考えることができるのです。

一例として、かすり傷程度とはいえ無数のリストカットをしている生徒に、命の大切さを説くことはときに有効なことと思います。しかし、リストカットをこころのサインと捉えるならば、なぜリストカットするのかを聴いてみたくなるでしょう。もし、その生徒がかまってほしくてリストカットをしているならば、一方的に諭されるよりも、自分の話を聴いてもらいたい気持ちのほうが大きいであろうし、生徒の話を聴くうちに、なぜリストカットせざるを得ないのかという理由、すなわちこころが見えてくるかもしれません。たとえば、両親は優秀な兄ばかり自慢に思い、自分など関心もないのだろうと生徒が語ったとします。つまり優秀な兄にばかり両親の関心がいくので、リストカットすることで関心を引こうとした、というこころのサインです。ところが、両親は、リストカットするこの生徒に対して、再度兄と比較して、お前は悪い子で手がかかり本当に困った子だと非難していると言います。この事態では、この子はリストカットをやめるわけにはいかなくなっているのです。つまり、リストカットをやめてしまえば、せっかく引いた関心もなくなるうえに、悪い子だということを肯定することになってしまうからです。この生徒に今必要なのは、兄とは関係なく、本人をきちんと認めていること（存在や本人を肯定する、評価するなど）を伝えることでしょう。この生徒にリストカットをやめなさい、という関わりが如何に無理解で、無駄であ

表 1-1　サインの分類

身体的サイン	顔色の変化，痩せる／太る，声の調子，痛みを訴える　など
情緒的サイン	喜怒哀楽が激しくなる／なくなる，すぐに泣く，笑わない，よく笑う，怒りっぽい，落ち込んでいる，高揚する，興奮しやすい，我慢できにくい，一人になるのを嫌がる　など
行動的サイン	話さなくなる，人を避ける，暴力的になる，言葉づかいが変わる，だるそうになる，服装や外見が変化する，学校を休むようになる，面談などをキャンセルする／無断で休む，リストカット，大量服薬　など
表現のサイン	作品，作文，答案，絵日記，遊び　など

るかおわかりになったと思います。

このように、こころは目に見える形でサインを送ってきますが、まずはそれに気づくこと（早期発見）、自分なりに考えてみること（事実関係・情報収集・推測）そして話を聴くこと（傾聴）をしていくと、サインがなぜ発信されたのかが自ずと見えてくるのです。簡単に図にすると、以下となります。

サイン（リストカット）
↓
サインに気づく・考える
↓
傾聴（両親は優秀な兄ばかり自慢に思い、自分など関心もない）
↓
理解（リストカットをやめるわけにはいかない、肯定してもらいたい）
↓
対応（傾聴を続け、本人を肯定していく）

これらの早期発見が可能になるためには、相手のことを日頃からよく知っている（理解している）ことも必要となります。何か様子がおかしいな、と気づくことができるのは、いつもと何かが違うからです。

サインを大きく分類したものを表1－1に示します。このようにサインは喜怒哀楽だけではなく、身体症状や行動、作品や絵などを通して発信されます。目に見えないこころは、さまざまな形で目に見えるものに変換されているのです。大人であっても子どもであっても、サインは同様に考えます。そして、このようにサインを学ぶと、さまざまな早期発見が可能になります。

3　サインに気づいたら

もしサインに気がついたらどうしたらよいでしょうか。まず一番大切なことは、サインに気がついている、というサインを必ず送り返すことです。日本人は控えめであるがゆえ、気がついているのに、言葉をかけたり、実際の行動に移すまでに時間を要することが多いのです。しかし、「あれ、おかしいな」と気づいたのに、何もしないことは「見て見ぬフリ」をしたことと同じでしょう。「今日顔色悪いね」「どうかした？」と声をかけることで、相手は何かを話すチャンスを得る、またはいつか話したくなったときにこの人に話そうという気持ちができるのです。または「おはよう」の挨拶一言でもかまいません。こころが揺れたり不安定なときに、自分に関心を持つ人がいることを具体的に示されることは、相手にとって非常に大切な支えとなるからです。

4　サインがない？

では、非常に優秀で、家族関係も良好、友達もたくさんおり、先生との信頼関係も構築されているような子どもや、社会的地位もあり、家族も幸せで何不自由ない大人は、サインがないのでしょうか？　また何も問題がないのでこのまま放置しておけばよいのでしょうか？　非常に優秀、家族関係も良好、友達がたくさんいる、先生との信頼関係がある、社会的地位がある、家族も幸せ、何不自由ない、これらすべてがサインなのです。にこにこした良い子に安心するのは、これも思い込みです。この子はサインがないな、と思った場合は、サインがないことがサインなのです。

5　レッテルを貼る恐ろしさ

以上のように考えてくると、問題行動といわれる行動（殺人などの重犯罪は含まない）、たとえばいじめの加害者、万引きや喫煙飲酒、非行などをする子どもたちを一括して問題児と呼ぶことは、あまり適切でないことがわかってきます。それらの行動は現実的に問題行動であったとしても、子どものこころのサインであり、サインが出てくるということは、こころに何かがあるからです。

【事例】万引きをした中学生

中二男子A。学校近くのコンビニで消しゴムを万引きしたところを捕まり、店主より警察に通報。保護者が呼び出され、店主は学校にも連絡をした。非常に良い子であったわが子が万引きをしたと聞き、驚いた両親は「なぜ万引きなどしたのか」と嘆き悲しんだ。担任および生徒指導の教員は、本人を呼び出し、万引きは悪いことだ、万引きしてはいけないと指導した。

こののち、Aくんが学校の屋上から飛び降りようとしているところを別の教員が見つけ、間一髪のところで命を取り留めた。スクールカウンセラーや養護教員が関わろうとしても堅く口を閉ざしており、なぜ自殺しようとしたのかもわからないままであった。しかし、これは何かあったに違いないと思った母親が、じっくり男子と向き合い、話しているうちに、学校でいじめにあい、近くのコンビニでこれまでも何回も万引きをさせられており、断ると殴る蹴るの暴行を受けていた。とても耐えられないために万引きを続けていたことを話してくれた。「もし捕まっても、俺たちのことを話したらどういう目にあうかわかっているな」と口止めされていたこともわかった。

解説　Aくんの万引きにはいじめという背景があった。いじめの被害者の場合、口止めをされており、なかなか本当のことを語ることができない。万引きが見つかった時点で、この男児は、本当はほっとしたのかもしれないが、周囲の大人が万引き犯としてレッテルを貼ったことにより、さらに追い詰められ、自殺しようという気持ちに至ったと考えることができる（いじめについては第5章で詳しく解説する）。

ただ、誤解を避けるために述べると、殺人などの重犯罪の場合は、当然こころの理解よりも現実的な裁きが優先されるのは当然です。また、大人としては、いけないことはいけないと教えることも役割ですので、まずは善悪、道理、道徳を教えることが必要です。とはいえ、そこで終わってしまっては更生にはなかなかつながらないのです。悪者を作って解決することは、真の解決につながらないことが多いからです。

6 自己理解

ここまで述べてきたような、こころのサインに気づき、他者のこころを理解するためのキーとなるのは、自己理解です。非常に主観的な人は、他者をそのままに見ることができず、常に自分のかけている濃い色の色眼鏡（第4章で解説）を通してしか相手が見えないからです。真っ黒や真っ赤の色眼鏡を通して見る対象は、元の色を失います。また、たとえば、非常に几帳面な先生が小学校一年の担任であったとします。忘れ物や遅刻をするBくんを毎日注意し、「学校は遅刻してはいけない」、「忘れ物をしてはいけない」、「きちんと用意しなさい」などと言い続けたとします。この担任はすでにBくんを理解する姿勢がないことは読者の方はおわかりと思います。では、小学校一年生のBくんが忘れ物や遅刻をするのはどのようなサインでしょうか？　もちろんBくんがうっかりさんでこのような行動を繰り返す可能性もあります。しかし一年生の場合、親の影響が大きいでしょう。たとえば弟や妹がいるために、親がサポートできていないのかもしれません。またはネグレクトかもしれません。一年生では可能性が低いですが、忘れ物ではなくいじめられて持ち物を盗られているのかもしれません。もしそうならば、そのうえに担任からも叱られてしまったら、Bくんのこころはどのようになってしまうでしょうか。

また二年生になって担任が変わり、今度はルーズな先生になったと仮定してみましょう。「人間なんだから忘れ物するのは当たり前だよ」「起きれないときもあるよね」などと声をかけられたとします。先生という同じ立場の人たちからまったく異なる指導をされたBくんは何が正しいのか混乱することでしょう。教員は少なくとも公平でなければならず、中立的な指導が大切なので、このような個人の価値観（主観）に無自覚では困るのです。これは保護者も同様です。

自己理解については第4章で詳しく述べることにします。

7　サインを理解したうえでどう声をかけるか

ここまで述べてきたように、目に見えないこころは目に見える形でなにがしかのサインを送ってきます。そしてサインに気づいたら気づいたよというサインを送ることが大切だと解説してきました。では本章の最後に、実際にどのように声をかけてみるか（声がけ）ということを、日常的に良く見かける赤ちゃん返り（退行）という具体例で考えてみましょう。

【事例】弟・妹の誕生に伴う赤ちゃん返り

三歳のCちゃんは、発達に問題もなく、元気に明るく育っていた。お母さんが妊娠し、四歳の誕生日の前に妹が誕生した。すると、それまでおもしろいいい子だったはずのCちゃんは、お漏らしをしたり、指しゃぶりをするようになった。

問1：サインはどれですか？
問2：なぜそのサインをするようになったのでしょうか？（こころの理解）
問3：理解できたならば、どう声がけするのが発達促進的（持っている力を伸ばす）になるか考えてください。

解説　心理学的には退行という言葉を使うが、弟や妹の誕生に伴い、上の子どもは取れていたはずのオムツに戻ってしまったり、指しゃぶりが復活したり、急にぐずったりするような現象を生じさせることがある。これを発達的に少し逆戻りしてしまう「赤ちゃん返り」という。Cちゃんのサインは赤ちゃん返りである。

赤ちゃん返りの一般的な理解は、おそらく自分への愛情や関心が赤ちゃんに移ってしまうことへの不安や恐怖、かまってもらいたい、何が起きたのかわからないなどの入り混じった感情からこのような退行現象が生じるというものである。これがサインの理解（問2の答え）となる。

サインを理解した読者の方々ならば、「お兄さん（お姉さん）になったのになんでお漏らしなんかするの！」「もっとしっかりしなさい」という声がけは無理解な声がけとおわかりになるでしょう。Cちゃんには、叱咤激励よりも、むしろ満足させるために、「赤ちゃんがもう一人いるぞ」などとスキンシップを増やしたり、関わりを増やしたり、父親が赤ちゃんと一緒にいる間に母親との時間を確保するなどの工夫が必要なのです。そしてある程度不安が解消されると、「僕（私）赤ちゃんじゃないよ！」などとあっという間にもともとの発達に戻っていくのです。ここで満足が得られないと、いつまでも赤ちゃん返りの現象が継続することになります。

【課題】

- サインにはどのようなものがありますか？
- 一つを例にあげて、サインに気がついたときにどのようにするかをまとめなさい。

第2章　子どものこころの理解
――児童理解・生徒理解――

第1章でこころのサインについて解説をしました。この章では特に子どものこころの理解について、さらに深めていきたいと思います。

1　理解とは？

児童理解、生徒理解という言葉が文部科学省などから言われてからすでに十年以上が経過しています。そもそもそのようなことが重要視されるようになった背景には、さまざまな教育事情があるのです。たとえば、①学校内の問題が増えたこと、②教育相談の機会が圧倒的に増えたこと、③そのために教員にカウンセリングマインドが要されたこと、④教員の権威の低下、⑤保護者の要求の肥大化、⑥さまざまな機関との連携が必須、などがあげられますが、そのために、教員はカウンセリングの基礎やコミュニケーション論などを学習する必要が出てきました。しかしそれらの教科書には、「理解」「傾聴」「共感的理解」「受容」などという用語が説明されていますが、具体的にどうするのかがわからなければ学習の効果はあまり期待できないものです。こころの理解や教育相談は、実践できなければ子どもたちの力になることができないのです。つまり、机上の学問ではだめなのです。あるレポートを読んでいると、「私は困った児童に出会ったら、傾聴し、共感したいと思います。そして受容して寄り添いたいです」と書いてありました。これはFとして落としたレポートの一節です。この人が困った児童に出会ったときに、実際にどうするのかがまったく見えてこないからです。共感したいと言われても、どうするのが共感なのか？　どうすると受容したことになるのか？　それがこのレポートからはさっぱり何もわからなかったからです。

では、他者理解とはどうすれば理解したことになるのでしょうか。たしかに教員は児童生徒の気持ちを理解することは必要でしょう。子育ての本にも親は子どもの気持ちを理解して養育すべきだと書いてあります。しかしそんなに簡単に人の気持ちが理解できるのでしょうか。他者理解はそんなに簡単にできるものなのでしょうか。

ここで、自分の人生において、好きだった先生と嫌いだった先生を思い出してほしいと思います。さらに、なぜ好きなのか、なぜ嫌いなのか、その理由も考えてみてください。

おそらく嫌いな先生が先にこころに浮かんでくると思いますが、自分のことをわかってくれなかった、理解されなかった、決めつけられた、話を聴いてもらえなかった、言い足りなかったなどという理由が多いのではないでしょうか。実際、授業の際に大学生や現職の教員の方々にうかがうと、上記の理由が圧倒的な割合を占めていました。逆に好きな先生は、自分のことをわかってくれた、困ったときに相談にのってくれた、話を聴いてくれたという意見が多くありました。つまり、多くの人は、決めつけずにきちんと意見を聴いてくれ、思っていることをそのままに聴いてくれた人を好意的に捉えているということなのです。

このことが他者理解のヒントになります。自分が理解されたという体験には、決めつけずにきちんと話を聴いてくれることがかなり大切なポイントになるようです。裏返すと、他者理解の際には、まずは相手の話に耳を傾けることが大切だと思われます。これがいわゆる傾聴です。その際に、他者を理解することは難しいという謙虚さを持ちながら行うことが大切だと私は思うのです。時々、「僕はこの学級のことはよくわかってるんです」「私はこの子のことわかってますから大丈夫です」という先生や保護者に出会うことがあります。これは本当に危険な言葉です。まず、何をわかっているのか、よくわかりません。そして相手の話を聴いているのかどうかも怪しいです。それは単なる自己満足にしかすぎないことが多いのです。

まとめると、他者を理解することは容易ではありません。難しいけれども、謙虚な気持ちで、相手がどう感じ、どう思っているのかを理解しようと歩み寄ること、理解しようと努力することが理解なのだと考えています。そして、その際にそれまでの信頼関係があるかどうかが非常に大切になります。この人に話してみようかな、と思ってもらえるかどうかが分かれ道なのです。あいつにだけは話したくない、と思われている場合、この本で解説しているような状況にはなかなかならないと思います。

2　理解に必要なこと

理解について解説してきましたが、実際に動く前に、実行したほうがよいことがいくつかあるので、説明をしておきます。ここまで述べてきたように、他者を理解することは難しいのですから、なるべく相手のことを知っていたほうが理解は正しく深まります。たとえば、第1章で具体例としてあげた赤ちゃん返りですが、下に子どもが誕生したことを知らなければ、理解には至りません。家族構成、成育歴など、知っていたほうが理解を助けることがあります。

（1）情報

本人に関する情報収集ですが、学校場面では非常に豊富な情報源があります。調査書のように、保護者が書いて提出してきているものを読むと、およその家族構成やこれまでの経過がわかります。食べ物のアレルギーなどの身体的な特徴についても情報を得ることができるでしょう。また、前年度の担任や、兄弟姉妹がいる場合、その担任からも情報をもらうことができます。保護者についての情報などは特に入手しやすいでしょう。たとえば、遅刻の問題がある場合、その子だけが遅刻をするのか、兄弟姉妹全員が遅刻するのかということを知るだけで、かなり理解への予測がつきやすくなります。

また、情報収集の際には、家庭・学校・本人という視点から情報の収集を行うと漏れが少なくすみます（本章7参照のこと）。情報収集はある地点から地図を広げていくようなイメージで行うとよいと思います。

その際、一人で行うのではなく、複数観察や複数の人の意見を合わせると、より深みのある情報を集めることが可能になります。

（2）観察

観察も重要です。サインに気がついたら、本人といきなり言葉を交わさずに、まず観察するべきです。他にもサインが隠れているかもしれません。また、いじめの被害者はなかなかいじめられていることを話すことができませんので、周囲が現場を発見することができれば、チクったなどという余計な問題も生じません。休み時間に校庭に教員がいる学校といない学校があります。休み時間は教員がそそくさと職員室に戻り、休憩しているという場合もあります。しかしいじめは教員不在の場で起きるのです。それがわかっているならば、教員は積極的に休み時間など子どもたちの自由時間に観察をすることが大切です。

3　教員や保護者のためのカウンセリングの基礎用語

では、ここでは理解に必要な用語の意味を確認しておきましょう。

教員はカウンセリングマインドを持つ、というように、カウンセリングマインドという言葉をよく耳にしますが、これは和製英語であり、特に学問的な定義はありません。共感的に理解しようとする態度、ということだと思います。これらの態度を身につけるためにも、以下のようなカウンセリングの基礎を学習すると役に立つと思います。

教育場面で用いるカウンセリングは、カール・ロジャース（Carl Rogers）という人が作ったクライエント（来談者）中心療法という心理療法が非常に役に立ちます。

（1）傾聴

すでに述べてきましたが、相手の話にしっかりと耳を傾けることです。きく、という言葉も、聞く、聴く、訊くなどがありますが、傾聴は聴くで listen ということです。一方、傾聴はたしかに聴くことですが、相手に語ってもらわないと成立しません。言語発達が未発達であったり、混乱しているためにうまく言葉にならない場合などは、質問をすることも大切です。その際、はい・いいえで答えられる問い方がよいか、もっと漠然と尋ねて思うことを話してもらったほうがよいかを判断して、質問をするとよいと思います。

（2）受容

こちらの価値観ではなく、まずは相手の気持ちや意見を受け容れるということです。たとえば、「学校を休みたい」と言われた場合、「義務教育だから行かなきゃだめだ」と言うのは受容ではありません。「そうか、学校休みたいんだ」というように、まずは相手の話を遮らずに聴き、「何かあったの？」というように問いかけると、相手は安心してもっと話そうという気持ちになっていきます。

（3）共感的理解

共感、は非常に難しいことです。なるべく相手が感じていることと同じように感じること、です。先ほどの「学校を休みたい」例で考えてみましょう。

教員：「何かあった？」
生徒：「やなことあるから」
教員：「やなことって？」
生徒：「女の子のグループから無視されるんだよね」
教員：「そうだったの。いつから？」

などというやりとりが傾聴です。これだけでは共感はしていません。

生徒：「無視されるとすごいやなんだよね」
教員：「そうだね、無視されるのはやだよね」
生徒：「うん、すごく腹が立つし、でも怒ったりできないし……くやしい」
教員：「腹が立つんだね。でも相手に怒ったりできないし、くやしいのね」

このあたりになると、共感的理解が生じ始めています。つまり、共感するのは、事実関係に共感するのではなく、相手の情緒（感情や気持ち）にフォーカスして、そこに触れていくことです。気持ちを理解されたと感じたときに、人はわかってもらえたと安心するのです。

では、同じ体験をした人のほうが共感しやすい、という意見は正しいのでしょうか？　たしかに、上記の例ならば、無視された体験のある人のほうが共感的理解を示しやすいかもしれません。しかし、フォーカスする情緒は、一人ひとりが違うはずです。たとえば、

生徒：「無視されるとすごいやなんだよね」
教員：「そうだね、私も中学の時無視されてね、すごいやだったよ」

と答えたとします。そうなると

生徒：「え、先生も無視されてたの？」
教員：「そうなのよ。中学の時ね……」

というように、聴き手と話し手が逆転して傾聴が破綻します。また、「やだ」といっても、この生徒のように腹が立ちくやしい場合もあるでしょうし、悲しく辛い場合もあるでしょうし、情緒は聴いてみなければわかりません。よって、共感には同じ体験をしたかどうかということは重要なことにはならず、むしろ相手がどう感じているのかを聴き、相手が感じている気持ちになるべく近い気持ちを体験できるように努力することなのです。

4　話す・離す・放す・はなすこと

相手の話を聴くこと、すなわち傾聴が大切だとお話ししてきましたが、傾聴するためには、相手に話してもらわなければなりません。もちろんなかなか話すことができなかったり、話すのが苦手な人もいます。こころにさまざまな気持ちがつまっていて、最初からたくさん話す人もいますし、少しずつ時間をかけて話していく人もいますので、まずは相手のペースに合わせることが大切です。

こころを言葉にして話すことにはいくつかの作用があります。まず自分のこころの整理になります。わけがわからなかったことが、聴いてもらいながら話すことにより、こころの交通整理ができるようになるのです。そして、「話したら気持ちが軽くなったよ」という言葉に表されているように、話すことにより、自分の感じている重荷を言葉に乗せ、自分の身体から離し、放すことが可能になるのです。聴き上手な人は、この重荷を上手に離してくれる人なのです。しかし、一方聴き手側は、話し手の重荷を引き受けることになります。たとえば、こころの傷（トラウマ）を受けた話などを聴くと、聴き手も二次受傷というこころの傷を受けます。家族を亡くした話などを聴いたあと、自分も気持ちが重くなった経験は皆様もおありだと思います。ですから、聴き手もまた誰かに聴いてもらう、聴き手が今度は話し手になることが大切になります。

5　発達課題

子どものこころを理解する際に、必要な知識として発達課題があります。この節では、発達課題について学びましょう。

(1) 発達課題

発達心理学、教育心理学や臨床心理学では発達課題というものを学びます。発達課題というのは、発達のそれぞれの時期で個人が果たさなければならない課題です。わかりやすく説明すると、課題はハードルだと考えると良いと思います。人生には誰もが飛び越えなくてはならないハードルがあります。たとえば身体的には自分で歩くようになることもその一つです。また精神的には親と離れて一人で学校に行くようになることもその一つです。そのようなさまざまなハードルをどのように飛び越えていくか、ということが人格を形成していくうえでとても大きな影響を与えるのです。ハードルということは、飛び損ねたり、つまずいたりすることがあるということです。発達課題は一度に上手に乗り越えられるとは限りません。または、一度乗り越えたのに、後戻りしてしまうこともあるのです（赤ちゃん返りの例を学習しました）。また、ここで重要なのは、周囲の支援の仕方です。読者の皆様はどうしてもハードルを飛べない人にどのように支援するでしょうか？　おそらく、どこを改善するとよいかをアドバイスすることでしょう。抱っこして飛び越えてあげても、これは本人が飛べたことにはなりません。特に子どもの場合は、本人の持って

表 2-1　ハヴィガーストによる発達課題

時期	発達の具体的な課題
乳幼児期 （出生から 6 歳）	• 歩行の学習 • 固形の食物をとることの学習 • 話すことの学習 • 排泄の仕方を学ぶこと • 性の相違を知り性に対する慎みを学ぶこと • 生理的安定を得ること • 社会や事物についての単純な概念を形成すること • 両親や兄弟姉妹や他人と情緒的に結びつくこと • 善悪を区別することの学習と良心を発達させること
児童期 （6 歳から 12 歳）	• 日常のゲームに必要な身体的技能の学習 • 成長していく生活体としての自己に対する健全な態度の形成 • 仲間とうまくやっていくことの学習 • 男性・女性としての適切な役割の学習 • 読み・書き・計算の基本的技能の学習 • 日常生活に必要な概念の発達 • 良心・道徳性・価値判断の基礎の発達 • 個人的独立の達成 • 社会的集団や制度に対する態度の発達
青年期 （12 歳から 18 歳）	• 同年輩の男女両性との新たな，より成熟した関係をつくりあげること • 男性または女性としての，それぞれの社会的役割を遂行すること • 自分の身体的特徴を受け入れ，身体を効果的に使用すること • 両親や他の成人からの情緒的な独立を達成すること • 経済的な独立の自信を確立すること • 職業を選択し，それの準備をすること • 結婚と家庭生活の準備をすること • 市民（公民）としての資質に必要な知的技能と概念を発達させること • 社会的に責任のある行動を望み，それを達成すること • 行動の指針としての一連の価値や倫理体系を獲得すること

（ハヴィガースト『教育心理学』荘司訳，学芸図書，1958 年より）

いる力を伸ばすように声をかけていく、すなわち発達促進的な関わりが非常に大切となるわけです。しかし、これは定型発達の場合ですので、発達障害などの場合は理解と支援の方法が変わってきますので、第9章を参照してください。

(2) ハヴィガーストの発達課題

では、教育心理学などの教科書に必ず出ているハヴィガーストの発達課題を提示します（表2-1）。この表を見ていただくとわかると思いますが、乳幼児期は身体的な発達課題が多く含まれています。また児童期が小学校、青年期が中学校高校に該当します。児童期では、学校に入学し、学校と集団生活が大きなテーマとなります。青年期では、第二次性徴を軸に、性差や、親からの分離・自立が課題となります。

(3) エリクソンの発達課題

次に発達心理学者の一人であるエリクソンの心理社会的発達理論（ライフサイクル論）を提示します（表2-2）。エリクソンは、人は生まれたときから予定された発達段階を歩むと考えており、八つの発達段階における発達課題と危機を設定しました。この発達課題と危機をどう乗り越えたか、解決できないことが残ったかどうか、ということが、その人の

表2-2　エリクソンの心理社会的発達理論

発達段階	発達課題	危機
乳幼児	基本的信頼感	不信感
幼児前期	自律性	恥・疑惑
幼児後期	自発性	罪悪感
児童期	勤勉性	劣等感
青年期	同一性（アイデンティティ）	同一性拡散
成人初期	親密性	孤立
成人期	世代性	停滞性
成熟期	統合性	絶望

人格形成に影響を及ぼすと言っています。アイデンティティという言葉は耳にしたことがあると思いますが、自分らしさの確立ということです。

（4）ピーター・ブロスの発達課題

ピーター・ブロス自体はあまり著名ではないかもしれませんが、精神分析の分野における精神分析的発達論を提唱し、非常に大きな役割を果たした人物です。特に目の前にいる児童生徒を理解するためには、非常に重要な発達課題だと思いますので、この表2－3については少し詳しく解説を加えたいと思います。

まずブロスは、思春期青年期を前青年期、青年期前期、青年期中期、青年期後期、後青年期と分類しました。表中には年齢の目安が書いてありますが、現代は寿命などの変化などもあり、前後一から二年と考えると良いと思います。

まず、前青年期ですが、小学校三、四年頃から身体的な変化が先立ち、それに伴いこころも成長していきます。特に女の子の成長が目覚ましく、体型が変化するために、人の体型が気になったり、自分と比較したりすることもあります。また、この頃からグループができるようになります。一、二年生の頃は男の子も女の子もごちゃまぜに遊んでいたと思いますが、なんとなく女の子は女の子でまとまるようになります。そのため男の子は仕方なく男の子同士で遊ぶようになります。グループができるということは、仲間はずれが始まるということです。まだこの時代は深刻な仲間はずれというよりは、自分が仲間であることを確認したいというニュアンスのほうが強いのです。たとえば交換日記などを始め、この人たちは私と仲間、という認識を楽しみます。そのために「あなたは交換日記に入っていない」などという残酷なことを

表 2-3　ブロスの理論

前青年期 （小学校高学年に相当）	• 身体の急速な成長が開始し，自己イメージの動揺をもたらす。同性の集団を作る。唐突に反抗などの問題が出ることもあるが，まだ幼い行動の場合が多い。 • 女の子はおてんばになり，運動エネルギーで内的緊張を発散する。男の子は汚い言葉を使ったり，母や女の子をからかったりする。
青年期前期 （ほぼ中学生に相当）	• 両親，とくに母親から距離を取り始める。その代わりに同年代の同性の親密な友人関係が重要になる。この関係は，互いに理想化しあい，万能感が高まり，自我理想ができあがる。裏には，理想になることを切望し，理想になれないのではないかと不安がある。
青年期中期 （ほぼ高校生に相当）	• 両親への愛着が減り，自分自身への過小もしくは過大評価する傾向が現われる。身近な集団よりも，家族や学校から離れた集団に同一化したり，哲学などに傾倒したりする（一時的な仲間，空想の対象，深夜放送，暴走族，摂食障害など）。異性との恋愛もあるが，困難や傷つくことが多い。 • 万能感が高まっているため，現実検討力も低下する。
青年期後期 （大学生の年代に相当）	• Identity が定まり始める。自分らしさが確立され，職業や社会的役割が選択される。異性との恋愛も安定した関係を築くことが可能になってくる。
後青年期	• 青年期と成人期の移行期。

（小此木啓吾編『青年の精神病理 2』弘文堂，1980 年を参考に著者がまとめた）

言うのですが、排除したいというよりは、私は仲間の一員だ、ということを強調したいのです。また、グループができるのと同時に、それまでなんでも母親に話していた子どもが、母親に秘密を持ち、お友達に話すことを好むようになります。まだこの時代は本当に困ったことは親に相談しますが、たわいもないことをお友達と話すことが嬉しい時期です。鍵付きの日記帳などがとても素敵に見えるのがこの時期です。その内容は大したことは書いておらず、時々鍵をかけ忘れたノートを覗くと、ほとんど意味のないことが書かれていることでしょう。親離れしていく子どもを見ていると、母親の分離不安（子離れ）が刺激されます。あまりにも不安定な母親の場合は、鍵を壊してでもノートを読もうとしたり、なんとかして友達と引き離し自分のもとに戻そうと努力をしますが、多くの母親は、子どもの発達を見守っています。一方男の子は女の子に比べて発達が遅いので、スカートめくりをしたり、おっぱいを触ったりしてふざけてしまいます。これはもちろん性的なものに興味が出始めたからなのですが、女の子は実際に生理が始まっている子もいますし、胸が膨らんできた子もいますので、そのような男の子の行動が本当に嫌で、苦痛に思うこともあります。このように性差の違いが大きく現れるのがこの時期の特徴でもあります。

次に青年期前期ですが、ますます親との距離ができてきます。同性の友達と行動を共にすることが多くなり、男女共に部活などに没頭することが多くなります。この時期の友達は、お互いに認め合い、褒め合うような都合のいい友達ということができます。内面を理解して付き合う、というよりも、自己肯定感を高め合うような友達です。たとえば、「俺、大リーガーになれるかも」「なれるなれる！」とか、アイドルのライブで「今私のこと見たよね！」「見たよ！　私のことも見たよね！」とか、「私かわいいかも！」「うん、すっごいかわいいよ‼」など、自分はすごい、自分はかわいい・かっこいいなどという理想化を高めあう段階です。これは自己肯定感や自己評価を高めることに役立つので、この時期このような友達の存在は非常に大切です。「君の実力では無理だよ」「あなたのこと見たわけないじゃない？　こんな距離じゃ見えないよ」などの現実検討を促すような友達とは交わらないのがこの時期なのです。この時期の自我理想というものは、実際の職業選択や進路選択というよりも、まだまだ夢物語のようなものです。友達との間でお互いに理想化をふくらませるので、風船にたとえるとわかりやすいのですが、理想化の風船をたくさん手に入れることができるほど生きる力につながります。持っている風船が少ないと、風船が割れてしまうと浮かび上がることができなくなり、ふと死が近づいてきたりするのです。そのため、この時期にいじめにあうと、友達との関わり自体がなくなってしまい、いじめの傷つきだけではなく、発達段階で手に入れるはずの大切な理想化の風船も手に入らなくなってしまうのです。

青年期中期になる頃に、ちょうど義務教育の終了を迎えます。これは青年期前期で現実検討をせずに盛り上がった仲間たちを無残に打ち砕きます。一緒に部活で頑張っていた仲間の一人は成績も優秀で進学校に進学が決定したが、自分は高校に行けるかどうかわからない学力だ……ということが起きたりするわけです。それまで現実検討をせずに仲間たちと楽しく生きてきたのですが、この時期からは現実を検討せざるを得ない局面が増えてきます。そのために、せっかく親から分離して、お友達の方向に向いていたエネルギーが、行き場を失ってしまいます。そのエネルギーが自分に向くと、自分の身体にこだわってしまい摂食障害になったり、ひきこもったりすることがあります。また熱心に日記を書いたり、本を読んだりして自分の世界にこもったり、または Instagram や Twitter などのSNS（ソーシャルネットワーキングサービス）などへの投稿に没頭したりすることもあります。非行少年のグループが増えるのもこの時期です。つまり、この非行少年たちの多くは、発達課題のハードルを飛び損ねて、その前の段階である現実検討のない仲間関係に戻り、そこでとぐろを巻いているのです。つまり、現実に直面したときの傷つきのために、ハードルが飛べないでいるのです。よって、非行少年と一口に言っても、ただ指導するだけでは更生する可能性は低く、その傷つきに寄り添い、本人の発達を促進するような援助が必要になります。これを放置していると、集団から抜けようとする人が出たときに、それを許さないという心性が働き、殺人などにもつながるので、非常に注意が必要になります。

青年期後期になると、かなり落ち着いてきます。友達関係もただ趣味が同じだから、というのではなく、その人がどのようなことに興味を持っているのかを知りたいと思ったり、お互いに影響しあうような関係になります。異性関係も単なる興味から、お互いを理解しあい、高め合うような関係になっていきます。アイデンティティといわれる自分らしさの確立もこの時期に課題となり、職業選択を考えたりもします。モラトリアムという言葉について補足します。大学を卒業するときに、何をしたいか定まらなかったり、なんとなく働く自信がなかったりして大学院進学をする、そういう人たちをあまり良くない対象としてモラトリアムと呼んでいるようです。しかしモラトリアムは悪いことではないと思います。自分にとって良いタイミングが来るまで待つことも自己理解です。現実を見て自分をマネージできるなら、それは一つの力だと思います。

（5）移行対象

移行対象というのは、スヌーピーのライナスの毛布を思い出していただくとわかりやすいと思います。大学生に聞いたところ、ライナスを知らない学生が非常に多かったので、ご存じない方は是非マンガをお読みになってみてください。児童精神科医で精神分析家であるウィニコット（D. W. Winnicott）が移行対象（Transitional Object）といった概念を提唱しましたが、ライナスの毛布がこれに当たります。親からの分離が始まり、一人でやる（自立）のはまだ不安だけれど、この毛布があれば安心して一人でできるという、母親から分離して一人になるまでの「移行」を助けるのが移行対象です。読者の皆様も、幼い頃にいつも持っていたぬいぐるみやタオルなどがあったのではないでしょうか。それはいつも持っているので汚れていたり、よだれがついていたりするのですが、その状態が心地よく、うっかりお洗濯されて石鹸の香りになってしまうと、移行対象ではなくなってしまうのです。

たとえば保育園や幼稚園に入園したての頃に、お気に入りのおもちゃやぬいぐるみを持参する子どもがいます。ここまで学習された読者の皆様は、「そんなもの持ってきてはだめ」とはおっしゃらないでしょう。お気に入りのおもちゃやぬいぐるみは移行対象で、本人が新しい場所（新しい自分の世界）への適応をするために必死に持ってきたものですから、「素敵なおもちゃね」と受け入れながら、「教室ではみんなと同じ椅子に座ってもらおうね」と、ぬいぐるみを椅子に座らせるなど、移行対象との分離を進めるような声けが有効となるでしょう。

6　どうしても嫌いな相手の場合

理解しようと試みても、人間、どうしても相性が悪い、どうしても好きになれない相手はいるものです。これが自分の担任する学級の子どもであったりすると非常に悩ましいものです。読者の方々ならどうするでしょう。授業などで現職の先生方に質問をすると、好きになるように良いところを探す、我慢するという意見から、なるべく関わらないようにする、という激しい意見もありました。

第4章の自己理解のところで詳しく述べますが、まずは自分がその人のことを嫌いだ、苦手だということに気づき、認めることが必要です。嫌いだから他の子どもと差別する、とか嫌いだからたくさん叱るというように、自分の主観が行動に出てしまうことが一番の問題です。さらに、嫌いだということを認めないほうがもっと良くないことが起きます。認めないでいると、人間の無意識が悪さをしてきますので、うっかり怪我をさせてしまったり、過剰に可愛がってしまったりなど、平常心の自分ならしないような行動がふと出てしまったりするのです。また、ご自身にストレスが溜まります。これも避けなければならない状態です。

ですから、まずは、「私はこの子が苦手だな」と冷静に自分の気持ちに向き合い、この本で述べ続けている理解の方法として、なぜ私はこの子が苦手なのだろう?と考えてみることです。自分について理解してみるということです。すると、何か理由が見えてくるかもしれません。たとえば、前にトラブルがあった子どもと顔が似ている、とか、自分の子どもの頃に似ている、など自分の色眼鏡（フィルター）に気づくことができるかもしれません。理由が見えてくる、すなわち自分のこころの理解ができると、それまで苦手だった子どもが苦手でなくなり、ストレスも軽減するのです。

7　行動の背景にあるこころの理解
――事例から考える――

他者理解のまとめとして、事例を提示し、本著の基本となる考え方、行動の背景にあるこころの理解の仕方を解説します。まず、事例1～3を読み、どのようにこころを理解するか、自分の考えをまとめてみてください。

その後解説を読むことをお勧めします。

【事例1】　登校しぶりの小学校一年生女児

Aさんは、小学校に入学した年の、夏休み明け二学期より、遅刻や欠席が目立ち始めた。担任（五〇代女性）は特に学校内での理由が見当たらないので心配をしていた。そこに母親からヒステリックな電話がかかってきた。「Aは学校に行きたくないと言っている。学校で何があったのか？いじめられているのではないか？　先生は何をしているのだ」という内容であった。まずはAさんと母親に会って話をしたいと申し出、家庭訪問をすることになった。母親は意外にすんなり家庭訪問を了承した。

Aさんに会うと、Aさんは担任が来てくれたことを喜んでいるように見えた。そしていろいろなおしゃべりをしてくれるので、継続したほうがよいと考え、家庭訪問を継続することにした。Aさんの部屋で二人で話すことを了承してもらって数回目の訪問時に、Aさんは突然涙を流し始め、「先生、この前、ママがこんなおうち出て行くって言ってたの」と語り始めた。夜中に両親の怒鳴り声で目覚め、そっと聞いていると、母親が「こんな家出て行ってやる!!」と叫んでいたというのである。おそらくAさんは寝ていると思って両親は夫婦喧嘩をしたのであろう。

【事例2】　登校しぶりの小学校四年生男児

四人家族の次男であるBくんは、成績は中程度、若干幼いとはいえ、友人関係も特に問題もなく、学校生活を送っていた。家族との関係も良好であった。ところが二学期のある朝、学校に行きたくないと言い始めた。母親は思い当たることがなく、学校にその旨を伝えたが、担任も思い当たることがなかった。数日休みが続いたあと、母親から担任に電話があった。休み始めた日の前日、帰りがけに四人の同級生に囲まれ、体育の授業中に怪我をさせた友人の治療費を払えと迫られたというのである。驚いた担任は母親に放課後来校してもらい、詳細を尋ねた。Bくんの様子があまりにもおかしいと思った母親が問い続けたところ、やっと話してくれたとのことであった。先生には言わないでと言われたが、話したほうが良いと説得し、先生には話してもよいとBくんが言ったので電話をしたとのことであった。Bくんが話した内容は以下の通りである。Bくんが帰ろうとしていたところ、急に四人の同級生がやってきて、Bくんを取り囲むように立ち、体育の時間Bくんが投げたボールがCくんの指にあたり突き指となった。当然怪我をさせたBくんがその治療費である五八〇〇円を支払えと迫ってきたというのである。自分のボールがCくんに当たり保健室に行くのも見たし、目の前にいるCくんは包帯をしている。Bくんは突然のことに慌て、たいへんな怪我をさせたという罪悪感や恐怖心も出てきた。「明日お金を持ってこい」、「誰にも言うなよ」と断片的に言葉が聞こえてきて、ふらふらと帰宅したようだ。翌朝は身体が動かず登校できなかったが、どうしてよいかもわからず、まして誰にも言うなと言われたことを母親に相談するわけにもいかず、ただ寝ているしかできなかったらしい。

【事例3】　登校しぶりの小学校六年生女児

Dさんは小学校六年生の女児である。非常に成績優秀で中学入試を念頭に進学塾にも通っている。快活で友達や先生からも信頼され、学級委員なども務めている。一人っ子のDさんは家族との関係も良好である。

ところがそのDさんが学校や塾を休みがちになったのである。周囲の大人も友達も、理由がわからず、Dさんに尋ねても黙っているばかりで、困惑するだけであった。母親が見ていると、とても疲れた表情をしており、入浴にも四時間以上かかってしまい、ぐったりしている。その表情があまりにも暗いので、母親が心配し、近くの心療内科を受診させた。Dさんは自分でも困っていたようで、診察室に入るとわっと泣き出した。カウンセリングを受けることになり、数回通ううちに、身体が変化してきて発毛が始まり（第二次性徴が始まり）、そのことが気になって仕方ないことや、入浴の際に毛が落ちているのではないか、それが父親に見られるのが嫌でたまらないので、くまなく掃除をするが、掃除をしてもしても毛が落ちているような気がして数時間かかってしまうことを語った。

ここまで読んでいただいた三例はすべて、表面に現れたサインは登校しぶり、学校を休みがち、という同様の現象でした。お読みになり、自分ならどのように対応していきたいか、おそらく頭の中にさまざまな考えが浮かんできたのではないでしょうか。そしてその対応は三例それぞれが違う対応方法だったのではないでしょうか。

この三例の場合、目に見えないこころが目に見える形となり、登校しぶり、学校を休みがちという同様のサインとして現れました。しかしそれぞれ理由は違いました。

Aさん：登校しぶり、学校を休みがち　家庭の問題
Bくん：登校しぶり、学校を休みがち　学校内の問題／恐喝
Dさん：登校しぶり、学校を休みがち　本人の発達の問題

事例1のAさんは家庭環境、事例2のBくんは恐喝、事例3のDさんは本人の発達の問題でした。現象は同じでも、理由が違うならば、対応や支援の方法も自ずと異なってくるでしょう。この理由（行動の背景にあるこころ）を理解すると、おそらく的確な対応や支援を試みることが可能となります。それと同時に、三例とも登校しぶりなので、教員が家庭訪問をして学校の様子を伝える、友達にプリントを届けてもらう、などの不登校現象への一括したマニュアル対応をしても、すなわち理解せずにただ対応しても無意味であり、エネルギーの無駄遣いであることを理解していただけたと思います。


では一例ずつまず整理してみましょう。

冒頭に書いたように、まず事例三例についてのご自身の理解をまとめてください。

その後、その理解に基づいて、どのように対応・支援したら良いかを事例ごとに考えていきたいと思い

ます。

解説（事例1） Aさんの原因はどこにあったか。発達から考えると、小学校一年生であり、初めての学校生活である。また夏休み明けに始まったということにもさまざまな影響が見て取れる。夏休みに一か月以上家族との時間を過ごしたために、入学式同様、家や家族から分離するのが困難になる場合がある。母親もおそらく子どもの小学校生活に不慣れで、少しのことで不安を感じているのであろう。夏休み明けは、学校だけでなく、夏休み期間中に本人に変化が生じている可能性も大きいので、そちらを検討することも必要である。

また、Aさんの語った内容から推察すると、おそらく本当にこの母親が家を出て行く可能性は低いのであろうが、Aさんはそうは思っていない。自分が学校に行っている間に母親がいなくなってしまったらと思うと、おちおち学校には行っていられない、ということからの登校しぶりと考えられる。

では、どう支援していくか。この担任のようにAさんとの継続面接をすることは意味がありそうだ。その後理由を母親に伝えるかどうかは、ここでは解説をあえてしないでおこうと思う。おそらくAさんと担任の信頼関係が深まっていくと、母親に理由を告げようが告げまいがAさんは登校を再開するであろう。

解説（事例2） この事例は明らかに恐喝である。恐喝に金額は関係ない。小学四年生という時期は発達からみても変化の時期であるが（本章5参照）、今後、犯罪につながらないように、加害者側にはきちんと善悪を教える必要がある。それと同時になぜそのようなことをしようと思ったのかということを個別に面談して話していく必要もある。加害者とはいえ、恐喝自体がサインであるから、加害者についても理解が必要であるのは言うまでもない。Bくんについては、教員が加害者たちとも話し合い、この問題が解決したことを伝え、安心して登校するように伝える。登校してからも教員は観察を続け、継続面接もすることが望ましい。母親とも連携し、しばらくの間、注意して観察を続けることが必要である。もし学年全体がこの問題を知っているならば、学年全体に恐喝は犯罪であることを指導し、この問題は解決したので、色々詮索しないように伝えることも大切である。

解説（事例3）　この事例は、いわゆる強迫症状*が出ていると考えられる。Dさんは中学受験という目標を達成する間際に症状を出しているので、当然受験へのストレスが大きく、症状を出すことで受験どころではなくなっている、ということが理解できる。またそれと同時に、自分の身体的な成長や変化を受け入れることへの戸惑いや葛藤がこれらのサインとして現れたと考えるのが妥当であろう。ではどのように支援するか。受験についてはそれぞれのケースで検討すべきことが違うので、ここでは発達に注目して解説をする。Dさんには第二次性徴はDさんの年代に起きる大切な変化であり、健康に発達していることが非常に喜ばしいことであることを伝えることが大切である。しかし、Dさんは自分の変化を父親に知られることを恐れているので、父親ではなく、母親や養護教員、カウンセラーなど、Dさんが安心して話すことができる女性が話すとよいであろう。父親は身体的なことではなく、むしろ精神的なことなどでDさんの成長を褒めるとよいであろう。そうすると、Dさんは変化した自分もこれまでの自分と同様に受け入れられ、愛されていることを実感していく。しかしその際に、押し付けるのではなく、Dさんの気持ちを傾聴していくことが大切である。また、六年生くらいになると、さまざまな性知識を友達から教えられたり、本で読んだりして、混乱している場合もある。その場合は避けずに性的なこと（セックスや避妊など）についても話したり、大切なDさんが母親から産まれてきたように、Dさんの身体も将来赤ちゃんを産む準備を始めていることを伝えるなどが有効な場合もある。

＊強迫症状：Obsessive-Compulsive Disorder 強迫症／強迫性障害では強迫観念（思考）・強迫行為があり、その両方を持つ人も多くいる。強迫観念（思考）は不合理と分かりながらも、繰り返しその考えがこころに浮かび消すことができないことを言う。強迫行為は、強迫観念（思考）を打ち消そうとして行う行為である。確認を伴うことが多い。たとえばこの事例では「毛が落ちているのではないか」という考えが浮かぶと、とにかくそれが気になってしまい、それ以外のことは考えられなくなり、掃除をする。一般的には一度掃除をすれば落ちていないと思えるが、掃除をしてもまだ落ちているような気持ちがしてしまい、掃除を繰り返す、落ちていないかを確認する（強迫行為）が生じている。

ここに書いた解説はあくまでも私の意見であり、皆様の考え方がこれと同じである必要はありません。そもそもこころに正解はないのです。むしろあれこれと考え、多数でディスカッションをして多視点で考えることが大切であり、決めつけることを避けることができます。

【課題】

・行動の背景にあるこころを理解するために必要なことには何があるか述べなさい。

・移行対象とはなんですか?

第3章　保護者理解と協力体制の作り方

第2章でこころの理解、特に子どもを対象に解説をしました。この章では大人、特に保護者の理解について学びましょう。

1　大人のサイン

サイン、という考え方は大人も子どもも同様です。しかし、大人になると、言語能力が発達してきますので、基本的には言葉を介してのコミュニケーションが可能になり、身体表現や行動がサインとして出現する頻度は子どもに比べると減ってきます。ところが、意図的に本音を言わない場合も出てくるのです。たとえば、とても嫌いな人に「嫌いです」とは言わずに褒めてみたり、はっきり誘いを断らずに「先約が……」と言ったりします。また、そのように自分の気持ちを抑えたりするときに起きるのですが、予定を

表 3-1　大人のサインの分類

身体的サイン	顔色の変化，痩せる太る，声の調子，妊娠　など
情緒的サイン	喜怒哀楽が激しくなる／なくなる，すぐに泣く，笑わない，よく笑う，怒りっぽい，落ち込んでいる，高揚する，興奮しやすい，我慢できにくい，一人になるのを嫌がる　など
行動的サイン	話さなくなる，人を避ける，暴力的になる，言葉づかいが変わる，だるそうになる，服装や外見が変化する　など
表現からのサイン	書類などの書き方　など
学校特有のサイン	個人面談，保護者会をキャンセルする／無断で休む，頻繁に連絡が来る，全く連絡がなくなる　連絡帳・提出物の書き方　など

すっかり忘れてしまったり、褒めるつもりが口からは貶す言葉が出てきてしまったりすることがあります。これは第4章2精神分析で学びますが、無意識に押し込んだはずの感情がふっと出てきてしまうために起きる現象です。それらを失錯行為といいます。おそらく行きたくない予定のために忘却してしまったり、本当は貶したい相手への言葉が出てきたりするのです。ですから、大人の場合は、言葉をストレートに受け取るよりも、行動や雰囲気などを言葉と共にサインとして読み取る必要があるでしょう。

大人のなかでも、保護者という立場の人を考えてみましょう。保護者の場合は、学年が上になるにつれ、直接会うことが減少します。幼稚園や保育園では毎日保護者と会いますが、小学校になるとその機会はぐっと減少し、大学生になれば、ほとんど保護者と教員が会う機会はありません。そのために、保護者のサインに気づくことはかなり難しくなります。義務教育のうちは、やはり家庭環境や親の態度が子どもに大きな影響を与えますので、保護者のサインに気づくことはとても大切になります。

表3－1には、大人のなかでも、特に保護者としてのサインを加えました。

2　保護者との連携・協力

教育相談の事例などを勉強していると、保護者から何か連絡があるだけで、教員は気持ちが重くなることもあるようです。しかし、まっとうな親もたくさんいます。保護者と連携・協力することができると、子どものために力を発揮することは非常に容易になります。あまり先入観を持たずに出会うほうがうまくいくでしょう。第4章で学ぶ色眼鏡の色が濃くないほうがよいということです。

ここで一つの事例について考えてみましょう。

【事例】　保護者会を無断欠席するようになった母親

それまで毎回保護者会には参加しており、提出物もきちんと提出されていたが、二年生になった五月頃から保護者会を無断で欠席するようになった。調べてみると、提出物も提出されていない。女の子本人の様子は特に変わりはないが、強いて言えば忘れ物が時々出始め、体育着などの洗濯がされていないようである。

この事例の背景を、できるだけたくさん考えてみてください。そして、母親にどのようにアプローチするかも考えてください。

解説　アプローチはどのような背景でも同じで、「先日の保護者会も欠席でしたが、何かございましたか？　いつも出席されていたので心配しておりました」などと直接尋ねてみるのがよいだろう。背景はどのくらい考えついただろうか？　以下に羅列してみる。

①担任に不満がある、拒絶や不信のサイン
②ネグレクト
③妊娠
④離婚
⑤単身赴任
⑥家族の病気
⑦うつ

次にこのうちの三つについて会話の例をあげる。

①担任に不満がある、拒絶や不信のサイン
「先日の保護者会も欠席でしたが、何かございましたか？　いつも出席されていたので心配しておりました」

「心配？　来たって無駄ですからね」

「何かご不快なことがありましたか？」

「不快？　不快どころじゃないですよ。あなたの顔も見たくない」……

③妊娠
「先日の保護者会も欠席でしたが、何かございましたか？　いつも出席されていたので心配しておりました」

「すみません、ちょっと体調が悪くて」

「お母様の体調がですか？　大丈夫ですか？」

「はい、妊娠したみたいでつわりがひどくて」……

④離婚
「先日の保護者会も欠席でしたが、何かございましたか？　いつも出席されていたので心配しておりました」

「心配するなら、私じゃなくて子どもをお願いしますよ」

「何かありましたか？」

「何かじゃないですよ。夫が突然離婚すると言いだして大変だったんですよ。私もボロボロです。

保護者会の欠席や提出物が出ないというサインでも、ここにあげたように、背景はいろいろです。大人の場合もこのようにサインからこころを理解していきます。そして、保護者の場合は、保護者の相談にのるのではなく、保護者の状態を聴き、子どもの安定にどのように教員として関与すべきかを考えるのが大切です。

3 小学校の保護者の特徴

小学校低学年の場合、保護者も小学校に不慣れなために不安を感じている場合が多くあります。その理由としては「分離」（親離れ、子離れ）が関係しています。

それまで通っていた保育園、幼稚園では、保護者は毎日子どもの送り迎えをし、先生と話し、実際の園の中での様子を自分で観察することもできます。しかし、小学校入学と同時に、小学校の中での様子は子どもの話から推察するしかなくなってしまうのです。これは言い換えると、小学校入学と同時に、「分離」が生じるということです。その結果、母子共に一時的に不安定になります。子どもは初めての学校や教室に戸惑いや不安を感じ、保護者はわが子が楽しく学校生活を送ることができているか、先生はわが子をきちんと見てくれているかなど、さまざまなことが気になるものです。健康な場合は、誰もが体験する小学校入学に伴う分離を自然に乗り越えて、母も子も自分の世界を展開していくことになります。

一方、たとえば子離れのできない保護者であったとしても、学級担任が児童との信頼関係を築いていくことができると、児童の親離れを助けることになり、児童は学校生活を楽しむことができるようになっていき、それが自立の始まりとなります。

4　よくある教育相談の事例

【事例】　学芸会のセリフが少ない、遠足の写真が少ない

うちの子の学芸会のセリフが他の子どもに比べて少ない。掲示されている遠足の写真に、うちの子どもの枚数が他の子どもに比べて少ない。先生は贔屓《ひいき》している。

解説　これらの訴えは、ほとんどの場合、自分の子どもが学校で先生に大切にされていないのではないか?という不安から出てきている。どの保護者にとっても、わが子は大切なのだ。たとえば学校から帰ってきて、「私だけセリフが少ないんだ……」「遠足楽しくなかった……」などという言葉を聞いていると、保護者の不安は増大し、想像も膨らみ、先生は本当にひどい先生に違いないという確信に至ったりする。そして訴えてくる。

対応　ではどのように答えたらよいだろうか？　もし本当に他の子ども達との差が歴然とするようなことをしてしまったならば、謝ると同時にわざとやったのではないということも申し添えることである。実際わざとではないのだから、きちんと伝えたほうがよい。言いがかりならば、なぜこの保護者はこんなことを言ってきたのか、とサインを理解する。

未然に防ぐ　ここまで読んでおわかりだと思うが、セリフや写真が少なければ、保護者は不安や不満に思うものだ。それならば、事前にセリフや枚数を均等にすればよい。全員一言セリフという言葉もあるが、そのようにするとか、写真掲載の事前に枚数のチェックなどをすれば、揉める前に防ぐことも可能となる。

この事例からもわかりますが、直接観察する機会の少なくなった保護者は、子どもの話を頼りに想像を膨らませます。子どもが先生を信頼し、学校が大好きならば、保護者も安心します。子どもが先生が意地悪だ、先生は嫌い、と家で話し、教員と子どもの信頼関係がない場合は、保護者も不信を抱きます。やはり一番大切なのは、子どもとの信頼関係をきちんと築くことなのです。

5　保護者との協力体制

（1）保護者と教員の信頼関係

保護者から連絡が来た場合、たとえ苦情であったとしても、保護者は教員と子どもについて話したいと思っています。わが子のことが心配だったり、気にかけてほしいので、教員に様子を聞いたり、相談しようと思い、連絡をしてくるわけです。感情的な様相などに惑わされずに、しっかりと傾聴していくと、保護者の真意が聴こえてくることが多いと思います。

教員と保護者の間の信頼関係が築けず、保護者が教員を馬鹿にしていれば、子どもも教員を馬鹿にするようになることが多いものです。教員が保護者を疎ましく思うと、子どもはそれも感知します。さらに、教員と保護者が言い合いをしたり、責任をなすりつけあったりして、揉めていれば、その関係性を見て、子どもは学校に行きたいと思うようになるでしょうか。ほとんどの場合、保護者と教員が揉めれば揉めるほど、学校適応は難しくなります。つまり、子どもへの支援は、教員と保護者が連携して、協力体制を作ることができるかどうかに大きくかかっているのです。

（2）保護者から連絡が来た場合の協力体制の作り方

傾聴と受容　相手が何を言いたいのかをよく傾聴し、相手に語ってもらわないと、真意を理解することはできません。保護者から連絡があった場合は、一体何を伝えたくて連絡をしてきたのか、じっくりと耳を傾けることから始まります。相談があるのは保護者なのに、教員ばかりが話してしまうと、保護者が想いを話せずに終わり、保護者にストレスが残ってしまいます。教員としての助言をする場合は、一通り保護者が語り終わってからにします。

相談の入場切符　さまざまなタイプの保護者がいるとはいえ、一般的には、学校の先生に話をするのはなかなか勇気のいるものです。子どもがいじめられているのではないかということが心配で面談を申し込んでも、いざ、学校で先生と一対一で向き合うと、つい勉強の話から入ってしまうことも多いことでしょう。このような前置きのような話題は相談の入場切符と考えましょう。相談するための入場切符は、学校の場合、学業がらみの話題が多く、成績などの話をし始めます。しかし、これらは前置き（入場切符）にすぎず、本当に相談したいことはまだあるかもしれません。前置きと気づかずに時間をかけて取り組んでしまうと、本当に言いたいことを言えずに帰る、ということが生じる可能性があります。

聴き方　何が言いたいのか？何に腹を立てているのか？などと疑問を持ちながら保護者の話を聴くと、自然と客観的な聴き方をするようになります。たとえば繰り返し同じことを興奮して言い続ける保護者を前にして、「どうしてこんなに同じことを言い続けるのか？」「どうしてこんなに興奮してしまっているのかな」と聴いていると、客観的になることができ、教員が直接傷ついたり、相手の感情に巻き込まれて教員までもイライラしたりしなくてすみます。

理解と説明　保護者の話を聞いているうちに、さまざまな理解も進みます。その際に、教員の行動が誤解されていることに気づくこともあります。保護者は子どもを通してしか事態を知ることができないので、正確に事態を把握しているとは限りません。誤解がある場合は、事実関係や自分がなぜそのような行動をしたかということを、きちんと説明することも必要です。ただ、その際、子どもの話を否定するのではなく、「お子さんも一生懸命伝えてくれたのですね」などと子どもを守ったうえで、事実を話すことが大切です。なかには、お前のせいで恥をかいたなどと子どもに矛先を移す保護者もいるからです。

（3）学校から保護者を呼び出した場合の協力体制の作り方

連絡の入れ方　何か相談したいことや、様子を尋ねたいことがあり、学校から保護者に連絡をして呼び出すこともあります。携帯電話の画面に突然学校からの番号が表示されると、多くの保護者は驚きます。子どもが怪我や病気になったのだろうか、ということが一番の心配かと思いますが、「呼び出し」されたのだろうか?と思うこともありますし、学校からの電話にあまり良い印象はありません。電話ではなく、連絡帳や手紙も同様でしょう。また、仕事をしている母親の場合は、周囲に他の社員がいる中で電話を受けるという状況もあるでしょう。まずは、一般的なマナーですが、「少しお話ししたいことがあるのですが、今よろしいですか?」と相手の状況を尋ねることが必要です。

Face to Face　重要なことになればなるほど、実際に面と向かって話をすることが大切です。メールや電話ですと、感情が勝手に高まり、相手の顔が見えない分暴言を吐くことも可能になります。相手の顔を見て表情を見ながら話すよう、電話などを入れた後に、保護者に学校に来てもらうのが一般的な方法です。ただ、子どもたちに見られるのを避けたい場合は、一斉下校後などが安全な時間帯となります。

ポイントを絞る　こちらから呼び出した場合、まず要点を伝えます。そして、保護者を批判しようというのではなく、子どものことを教えてもらい、子どものことを一緒に考えていきたいという姿勢を示します。

(4) 連携する際のポイント

およそ初回の相談時は、上述してきたような受容しながらの傾聴を行い、保護者の述べたいこと、訴えたいこと、相談したいこと、また逆にこちらが伝えたいことを明確にし、お互いが理解できるような時間にします。そのためには事実関係も含めて、時系列にそって、話を整理する必要もあります。そして、その問題がどのくらいの緊急度があるかどうかを判断します。

それと同時に、教員が一人で対応して良い問題か、チームなどで連携対応したほうがよい問題かを判断します。

面談の終わりに、保護者に対してこの時点での教員としての考えを簡潔に述べますが、早期に結論を述べる必要はなく、「お母様のお話をうかがいましたので、こちらも調査をしてみます」「学年主任とも協力して対応すべき問題と思いますので、今日のお話を伝えてもよろしいでしょうか」などと述べ、自分自身が考えたり、教員同士で相談をしたりする時間を持ちます。「またご連絡します」というような不確かな約束ではなく、「次回いついつにおいでいただけますか?」と具体的な日時を提示します。具体的に次の約束があることは保護者を安心させるので、継続する場合は、次回の約束までとします。そうしておくと、もし、その間に保護者から電話などがきて、急かされたとしても、「次のお約束までお待ちください」と答えることができます。

どの相談も一回で終了する必要はありませんし、何かあれば連絡を取り合う状態にする場合もあります。設定条件については、6に解説していることを参照してください。

(5) 保護者を支援する

現代の教育事情では、保護者の未熟化も問題になっています。たとえば、若くして出産したために、母親自身がまだ社会性が身についていない場合、子育てがうまくできなくて困っている場合、夫婦の関係がぎくしゃくして子育てを一人で抱えている場合などがあります。また一方、過保護すぎたり、ネグレクト一歩手前という保護者もいます。

いつからそのような状態になっているのかなどの情報を収集し理解に努めるのは、ここまでに学習した通りですが、困っている保護者を発見できるのは教員です。生活が荒廃しているなどの様子がわかれば、自宅を見回ってもらうように、行政に連絡をし、地域につないでいくことが支援になります。教員が自宅に行き、様子を見たり、家事を手伝ったりする必要はありません。同様に夫婦の問題や保護者自身の問題の相談にのる必要はありません。

ただ、子育てを頑張りたいけれど、やり方がわからないで困っている保護者に対しては、指示をするときに具体的に伝えると効果的です。たとえば、「宿題を見てあげてくださいね」というのではなく、「漢字のプリントを毎日一ページやってください。終わったら褒めてあげてくださいね」というように具体的に教えると、一生懸命やってくれる保護者もたくさんいます。

(6) 保護者からみた学校

ここまで学校・教員側からみた保護者理解を述べてきました。教員も保護者との関係に疲弊している部分があります。しかし逆に、保護者が学校・教員に疲弊しているということもあります。保護者からみた学校について少し解説しておきます。

現代の教育事情には、保護者の高学歴化などに伴う教員の権威の低下という現象がありますが、よくよく保護者のお話をうかがうと、教員に問題がある場合もあります。まっとうな保護者の訴えに耳を貸さず、逃げる教員も残念ながらいるのです。あの保護者はモンスターペアレントで困っている、という教員からの相談を受けますが、教員の対応が保護者をモンスター化させた、つまり怒らせたと思う相談も多々ありました。わが子を心配し、守ろうとして相談に来た保護者に、真摯に向き合わない教員はそれだけで不信感や怒りを生じさせます。あまりにも話にならないので、校長や教育委員会に話を持ちかけるしかない場合もあります。学校組織によるいじめの隠蔽などがその最たるものです。現在は第三者による調査委員会が開催されるようになりましたが、そこに至るまでの保護者の苦しみや苦労は非常に大きなものです。

この本では、「子どもの力になれる」ようになることが一つの目標でもあります。どの立場にいたとしても、子どもの成長や適応を支援できるようにするためには、大人一人ひとりが自分自身に責任を持ち、協力体制を確立することが何よりも大切なのです。

6　困った保護者

まっとうな保護者が存在する一方で理不尽な要求をする保護者が存在することも事実です。「困った保護者は困っている保護者だと理解しなさい」という言葉をよく耳にしますが、これは確かに正論なのだろうと思います。保護者自身がどうしてよいかわからなくなり、教員に当たり散らしたりすることも多いものです。しかし、なかには、本当の困った保護者もいます。この節では相談の方法およびタイプ別に困った保護者を解説します。

（1）相談の設定条件

困った保護者に出会った場合、トラブルが発展したり、大騒ぎになったりと教員の大きなストレスになります。膨大なエネルギーを吸い取られてしまいますので、無駄なエネルギーを費やすことを避けるために、未然に防ぐことができることはなるべく防ぐようにしましょう。すべての基本は一人で対応しないことです。

場の設定　まずメールや電話ではなく、実際に学校に来校してもらい複数で面談をします。電話で文句をまくしたてられた場合、「大切なお話ですので、是非お会いしてお話したいと思います。今から学校にいらしていただけますでしょうか」と伝えると（相談の設定を整える）、意外にあっさりと「もういい」と電話が切れたりするものです。学校に怒鳴り込んできた場合も、「こちらにどうぞ」と言って会議室や応接室に通すだけでも、場の設定をすることができ、相手も少しクールダウンする可能性が高く、こちらもこころの準備ができます。

複数対応・記録を残す　相談の際は、水掛け論を避けると同時に、複数人が関わることにより、より客観性を保てますので、学校側が複数で対応します。また、連絡をするたびに、メモ書きでかまわないので、記録を残します。何月何日何時から何分間、どこで誰と誰でどのような話をした、程度で良いのです。これらは訴訟等の際に、証拠となります。

感情論ではなく事実　まずは、傾聴し、ある程度発散させることが大切なので、保護者の感情を受け止める必要があります。とはいえ、ただ怒鳴り散らされている状態のままでいる必要はありません。第４章で学習するAとAの対応をして、感情を挟まずに客観的事実を明確にします。

相談時間・終了時間　学校における相談の平均時間はどのくらいだと思いますか？　教員の回答は約一五分でした。心理面接になると約五〇分です。初回相談の場合は、事実関係などを聴くため、およそ一時間は必要でしょう。しかしその後継続して相談していく場合は、一回三〇分程度で十分です。たとえば、「毎週水曜日、職員会議までの三〇分間お話したいと思います。よろしくお願いします」というように予め終了時間を告げておくことが大切です。人は話の途中に突然終わりを告げられると不快になり、トラブルが発生するからです。

（2）困った保護者のタイプ別解説と対応

分離不全（本当はママと一緒がいいでしょ？）タイプ　保護者の側の分離不安（子離れできなさ）が強すぎるタイプ。保護者が離れたくないがゆえに心配という形をとって子どもの自立の邪魔をします。たとえば、子どもが新しい学校生活を楽しんでいるにもかかわらず、「学校は楽しいの？　本当は嫌なんじゃない？」などと不安を煽るような問いかけをしたり、実際に登下校についてきてしまったりする保護者もいます。

このタイプの保護者に分離をするように助言すると、かえって逆効果です。それよりは、学校内での子どもの活躍を伝えるなどして、子どもの成長を肯定し、安心するように伝えるほうがよいでしょう。

先取りする（気をつけなさい！危ない！と言い続ける）タイプ　転ばぬ先の杖、のようなタイプです。過保護ともいえます。いちいち先取りをする保護者に育てられると、自分で選択をするチャンスが少なく育ち、子どもの自立を阻みます。

このタイプの保護者には、「まずお子さんの意見を聞いてみましょう」などと介入してみます。

過保護（私の子がするわけがない！）タイプ　この保護者達は自分の子どもの非を絶対に認めません。

それどころか、説明する教員に対して感情的に反論してきます。

このようなタイプは、いくつかの原因があります。

一つは、子どもが保護者の前では良い子を演じて、保護者の期待に応えようとしている場合があります。親はその子どもの演技を信じこんでいます。このタイプには、実際に起きていることを示し、このままではこの子の学校適応が心配だから、保護者と教員で協力して支援しよう、と持ちかけたりします。反動で子どもをひどく叱り、怒りをぶつけないよう、気をつけて説明します。

もう一つは、人から非難されること自体が気に食わない、自分自身が非難されていると感じてしまう場合もあります。このタイプも子どものために協力することを強調することが大切です。

未熟（どうせ子育てなんかできないと諦める）タイプ　望まない妊娠、若い年齢の出産は、母親自身がまだ大人になれていないことも多いものです。本人は一生懸命子育てをしているつもりなのに、なかなか成果が出ないと、悩んだり、自暴自棄にもなります。

このタイプには、「ちゃんと子育てしなさい」と助言しても、逆効果です。子どもの特徴や対応の仕方などをさりげなく伝えたり、なるべく具体的に助言し、それができたら「お母さんが頑張ってくれたから、今日は大活躍でしたよ」などと効果が出たことを伝えます。

発散（何もかも気に食わない！）タイプ　突然苦情を言ってきたりするのがこのタイプです。電話やアポイントなしにやってきて、一方的かつ感情的に苦情を言ってくる場合が多く見られます。発散タイプは、ある程度わめき散らしたり、暴言を吐いたりすると、それなりに落ち着くことが特徴でもあります。
このタイプの保護者はある程度発散すると、満足して立ち去ります。

プライド（権威好き）タイプ　このタイプはすべてにおいて自分が上だという態度をとり、教員をバカにしたり、蔑視したりします。自分が負けそうになると、もっと上の権威に頼ろうとします。専業主婦であっても、夫の職業や出身校が自分の勲章のように振る舞います。このようなタイプの人は、当然その裏側にコンプレックスがありますが、その分プライドが高いのです。
このタイプの保護者は、バカにした口調や言葉遣いをしてくるので、こちらはきちんとした言葉遣いで、常に丁寧に落ち着いて対応します。管理職を引き込み、こちらも権威を保ちながら対応したほうがよいでしょう。

受験重視タイプ　このタイプは特に都心部でよくみられます。私立中学・高校の受験を重視し、学校の勉強を馬鹿にしています。試験前に長期欠席させる場合もあります。このタイプは、親自身の学歴コンプレックスや挫折が背景にあることが多いのです。まずは本人の意思を確認し、保護者には、学校教育と塾の教育の違いを伝えます。

被害妄想（皆が私の悪口を言っている）タイプ　発散タイプと似ていますが、被害妄想タイプは、発散してもすっきりしないどころか、ますます懐疑的、被害的になっていきます。
このタイプは、妄想の標的になったとしても、噂を躍起になって否定したりするのではなく、落ち着いて粛々と対応し、噂が消えるのを待つのが良いでしょう。

自分の過去の影響（トラウマ）タイプ　このタイプの保護者には配慮が必要であり、困った分類に入れることは本来は間違いです。ただ、その過度の頑なさが教員にとっては、本当に困った状態になってしまうので、ここに便宜上入れました。たとえば、子どもが被害者（いじめ、レイプや妊娠など性的な出来事も多い）になった場合、妙に頑なな態度をとったり、学校への批判を繰り広げたりする保護者のなかには、自分自身が過去に被害者であった場合があるからです。担任との面談において、保護者が自分の過去の体験まで話す可能性は低いですが、スクールカウンセラーなどが入っていれば、上手に保護者の話を聴き、保護者自身の問題と子どもに起きている問題の違いを示しながら、保護者自身のこころの傷に寄り添うことが可能になると思います。

【課題】

- 困った保護者の一つのタイプを選び、どのように面接を設定し、進めていくか論じなさい。

第4章　自己を理解すること

すでに述べてきたように、他者を理解するためには、自己を理解することが必要です。あまりにも主観的な人は、相手をそのままに見ることができません。この章では自己理解について学習しましょう。

1　みんな色眼鏡をかけている

同じ現象について、人はそれぞれ違う見方や考え方をします。たとえば最近、週刊誌に不倫を報道された有名なミュージシャンが、騒動の責任をとって音楽界から引退し、その引退会見がテレビで流れました。同じ画面を見て、さまざまな意見――「不倫したに違いない」「引退までしなくてもいいのに」「奥さんがかわいそうだ」「奥さんの看病（介護）で精神的に疲労していたのでは」「週刊誌はさすがにやりすぎだ」など――が出ています。このように、私たちは私たち自身の色眼鏡を通してすべての現象を見ています。言い換えると、フィルターを通して見ているのです。赤いスイートピーを見たとしても、真っ黒な色眼鏡（フィルター）ならば真っ黒に見え、青い色眼鏡（フィルター）なら紫に見えます。しかし、困ったことにこの色眼鏡はずっとかけているために、私たち人間は、自分色の眼鏡をかけていること自体に気がついていないのです。

【事例】　長男だけが可愛く思えない母親

Aさんは、夫と三人息子と暮らす専業主婦。夫とも良い夫婦関係を持っており、経済的にも恵まれ、幸せな日々を送っている。しかし、どうしても困っていることがある。三人の息子のうち、長男だけがどうしても可愛く思えないのだ。長男はいつも成績優秀で、心優しく、スポーツも万能なすばらしい子どもである。次男、三男は逆に成績が悪かったり、ときに友人関係で揉め事があったりと手がかかるのであるが、とても可愛い。実の母親なのに、こんな良い子を可愛くないと思うなど許されないと、Aさんはずっとこころのなかで罪悪感と戦っていた。しかし長男が大学生になってからは生理的嫌悪感まで出てしまい、長男の姿を見るだけで身震いが出てしまう。あまりにも苦しくて夫に話そうと思ったが、そんなひどいことをとても話せなかった。思い切って心療内科の予約を取り、家族には秘密で受診した。

上記のことを話した後に、担当医から生育歴を尋ねられた。Aさんは両親と兄との四人家族で、兄は非常に成績優秀で、さらにサッカーチームの花形選手であった。両親はその兄がとても自慢で、自分はいつも兄の影に隠れるように生きてきた……と語ったところではっとした。長男は兄にそっくりだ。祖父母（Aさんの両親）も長男を非常に自慢に思っている。私は長男に兄を見ていたのかしら……Aさんは驚くと同時に、胸につかえていたものがすーっと落ちていくような感覚を味わった。

この事例を読んで、読者の皆様はどのように思われたでしょうか？

Aさんは長男に兄を重ねて見てしまっていたのです。Aさんは、幼少期から兄に対して、コンプレックスと嫉妬を抱きながら成長してきたのです。残念ながらそのAさんの気持ちに気づく人はいませんでした。Aさん自身も気がついていませんでした。そのためにずっと未解決なまま現在に至ったのです。Aさんの本当の気持ちは心の奥に抑えこまれてきました。これは、精神分析学の無意識という概念と関係しています（本章2参照）。

このあとAさんは、兄色の色眼鏡を通さずに長男を見ることができるようになりました。すると長男は、母親のことをとても気にかけてくれる素晴らしい青年だということがわかりました。やっと長男そのものがそのままに見えてきたのです。それに伴い、これまで感じていた罪悪感や生理的嫌悪感も消失しました。そして、長年自分は兄にコンプレックスを抱いていたこと、本当は両親に自分のことをきちんと認めて欲しかったこと、兄ばかり可愛がる（と思えた）両親に不満のありったけをぶちまけたかったこと、などをカウンセラーとの間で話すうちに、さらに気持ちが安定し、カウンセリングを終了しました。

このように、自分らしくない反応やちょっとおかしい反応が出てきているときは、無意識からのサインと考えると良いでしょう。

2 無意識
――精神分析――

精神分析はジグムント・フロイト（Sigmund Freud）という人が創始し、無意識という概念を初めて提唱した学問です。フロイトは、一九世紀後半、シャルコーのヒステリーの治療法を学び、それを実践するうちに、自由連想法という方法を見つけました。そもそも正式な精神分析とは、クライエントはカウチに横になり、その後にセラピストが座り（図4-1の小さいほうの椅子）、週に四から五回、一セッション四五ないしは五〇分で行われます。写真はフロイトが使用していたカウチです。

クライエントは、頭に浮かんだことをそのままに話すように言われます。これが自由連想法です。「こういうことを言ったらおかしい」とか、「言うべきではない」という検討をせずに、浮かんだことをそのままに話す方法です。もちろん夢の報告も含まれます。つまり自由連想で語ったことは意識にのぼってきたことであり、忘れてしまったり、無意識に押し込まれたことは語りません。そして、セラピストは話された内容や話されない内容、態度や行動（セラピーに遅刻したり休んだり、黙り込んだり、咳き込んだりなど）などを総合して考え、クライエントの無意識の流れを読み取っていくのが仕事です。クライエントが気づいていないことを言葉にして伝えていきます。すなわち、無意識の意識化が精神分析の治療機序なのです。簡単に説明すると、先ほどの事例のAさんは、兄にまつわる感情を無意識に抑圧（押し込む）していましたが、それが意識化されたために、長男をそのままに見ることができるようになりました。精神分析では無意識

図 4-1　フロイトが使用していたカウチ（筆者がロンドンのフロイト・ミュージアムで購入したハガキより）

以外にも、防衛機制*や転移関係**などの概念を用いてクライエントの無意識を明らかにし、自己洞察などが深まることにより、より幅広い人生を送ることができるようになります。

つまりこの本におけるこころの理解は、この精神分析の考え方を基本としています。サインは無意識からのサインです。本人はなぜそれをするのかがわかっていないこと（サイン）を、周囲が理解しようとすることで背景となるこころが理解できてくる（無意識の意識化）のです。その結果、すぐに本人が変化する場合もあれば、周囲が支援することにより変化する場合もあります。

*自我のイド（エス）に対する働き。こころのバランスをとるために無意識的に用いられる手段。

**過去の重要な人物との関係を、セラピストとの間でも繰り返すこと。

3　交流分析

交流分析はアメリカの精神科医であるエリック・バーン（Eric Berne）という人が提唱しました。精神分析の口語版と言われ、精神分析をより簡単にわかりやすくしたものと言われています。日本では九州大学心療内科の池見酉次郎先生がこの交流分析を開始し、病院だけでなく、企業のメンタルヘルスや研修、コミュニケーションを学ぶ場などで使用されるなど、日本国内に広めました。また、交流分析の考え方を用いた心理検査エゴグラムは簡易に検査を実施できることもあり、広く利用されています。これまでにエゴグラムをやったことがある方もおられるでしょう。この本では、教育相談についても学びますので、その際にはこの交流分析の考えが非常に役に立ちます。そのため、自己理解についても、交流分析を用いることにし、この節で学んでおきましょう。

(1) 三つの自我

交流分析には三つの自我（三つの私）があります。図4－2に交流分析のPACを示します。PはParent（親）、AはAdult（大人）、CはChild（子ども）の頭文字です。この3つの自我状態がそれぞれの人の中にあると考えます。以下にPACを簡単に説明します。

PACの説明

P　親の自我状態：主として両親から引き継がれるもの。道徳観、倫理観、規範を守るなど。人を思いやるなどの気持ちもここに含まれる。

A　大人の自我状態：現実検討能力といえるような、客観的な判断をする。現実を現実として受け止める。

C　子どもの自我状態：天真爛漫な感情および周囲との

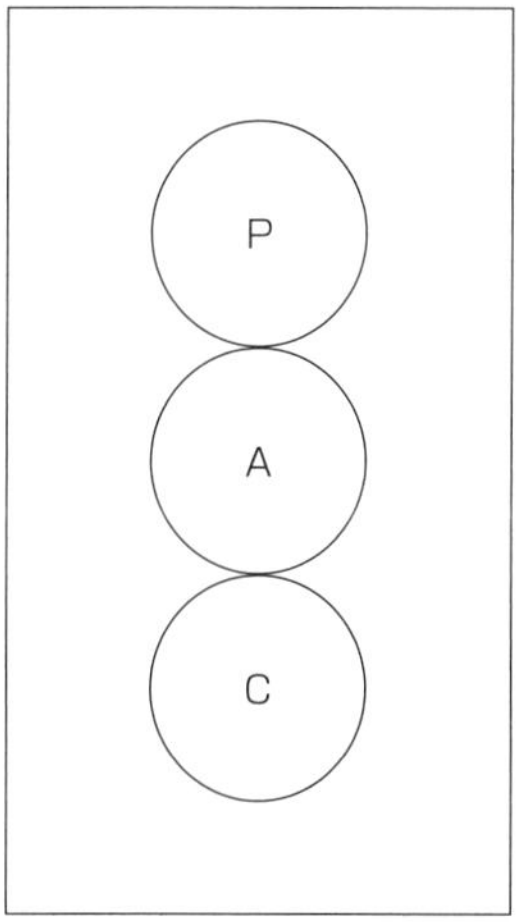

図4-2　交流分析のPAC

協調性の両面がある。

例をあげて考えてみましょう。

【例1】 東京で大雪が降り、会社からは早めの帰宅を指示された。しかし、そのような人たちで駅は溢れかえり、入場制限もされている。まして、電車は遅れているので、人は多くなる一方だ。雪も降り続けており、このまま待っていて、本当に電車に乗って家に帰ることができるのか心配だ。

問：このような状況で、ご自身ならどのような気持ちになり、どのように行動するでしょうか？　それをまずメモしてみてください。

Pの反応の例：大雪に対処できないとは、JR（小田急、東京メトロ）はけしからん。これだから日本はだめなのだ。

Aの反応の例：他に交通手段があるかな？　天気予報を見て今後の雪の様子を確認しよう。

Cの反応の例：お、ニュース番組のカメラが来てる！（ピースして映ろうとする）

ご自身のメモを見て、自分の反応がどれに近いかを考えてみてください。

【例2】 あなたは小学校教員である。教室で授業をしていると、カタカタという音がし始め、どうも大きな地震になりそうだ。

Ｐの反応の例：児童に机の下に入りなさいと指示をする。
Ａの反応の例：震度いくつだろう。震源地はどこだろう。避難経路を頭の中で確認する。
Ｃの反応の例：わーこわいよう！　他の教室の先生はどうするんだろう？

例2は、教員という立場により、Ｐの側面が強くなるという例です。個人的な性格というよりも、職業や立場による反応もあります。しかし、元々Ｐの強い人が教員になると、強すぎるＰになってしまい、児童生徒からよく「頑固じじい」とか「うざい」などといわれる先生になってしまう可能性があります。

テレビ番組から考える　一昔前にニューースステーションという番組がありましたが、その後から数名のアナウンサーやキャスターで番組を構成することが多くなりました。ワイドショーなどもそうです。視聴率ランキングというものをいくつか調べてみると、現在の高視聴率番組（ドラマ以外）では、「羽鳥慎一モーニングショー」「とくダネ！」「スッキリ!!」などが出てきました。これらの番組に共通しているのは、司会進行役の人、事件などを解説する人、本当は皆が言いたいことを言う人というような役割の人が出演しているということです。先ほど学習したＰＡＣが揃っているということです。司会進行の人はＡの役割です。解説する人はＰです。言いたいことを言う人はＣになります。何か事件があればそれを司会進行の人が紹介し、解説者が解説し、それに対して「でもこうだよね」などと言いたいことを言う人が言います。先ほど説明したように、私たちのなかには三つの自我がありますので、三役がそれぞれの役割を果たしてくれると、視聴者の私たちは三つの自我が満たされほっとします。PとAばかりがやりとりしていると、私たちのなかのCがムクムクと大きくなり不満がたまってきます。たとえばいじめ事件について解説し、「いじめは卑劣です」などとPからの発言が続くと、「そんなこと言ってる前にやめさせろよ」というようにCからの発言をしたくなるのです。そのタイミングでずばっとCの発言をされると、そうだ！と思うわけです。またその話題についてPとCが言い合いをすると、最初は自分も色々考え満足するのですが、だんだん葛藤に疲れてきます。そのタイミングでAが「はい、では次の話題にいきます」と葛藤を切ってくれるとほっとして思わず次の話題を見てしまうのです。このようにして高視聴率の番組や長寿番組は見る人のこころを刺激してきます。皆が言いたいことを言うという意味ではマツコデラックスさんもその代表かと思います。嫌味なく、思わず笑ってしまうのですが、本当は皆が思っていても言わないことをあっさりと言ってくれるのです。

ドラマなども同様です。たとえば主人公の女の子が付き合っているのは非常に真面目で親も認めるような男の子（P）です。しかし不良少年（C）と出会い、二人の男の子の間でこころが揺れる、という構図はよくありますが、これはPとCの間で揺れるということです。視聴者もPとCがあるので、自分自身も優等生と不良少年の間で揺れており、どちらも捨てがたく、ついつい見てしまうのです。

ここまで読んで、PACそれぞれを理解していただけたのではないかと思います。

（2）エゴグラムをやってみよう

質問紙法と投影法　エゴグラムは交流分析の考え方に基づき作られた心理検査（心理テスト）です。はい、いいえ、どちらでもない、から選ぶ三択の心理検査です。このようにはい、いいえで答える心理検査を質問紙法と言います。質問紙法は、実施も採点も簡単なため、短時間で施行でき、外来などでよく使用されます。雑誌の巻末に性格テストのような形で出ているのも質問紙法がほとんどでしょう。自分を客観的に見るためにはこのような心理検査が有効です。一方、投影法というロールシャッハ・テストやSCT（文章完成法）などの心理検査もあります。これはインクのしみのような図版を見て答えたりする検査です。この二種類を比較すると、質問紙法は簡単にできますが、質問の意図が見えるために、回答者による修正が可能です。「あなたは几帳面ですか？」という問いに「はい」と答えたほうが印象が良さそうだと思えば、「はい」と答えます。こんなテスト受けたくもないという拒絶の状態であれば、全部「いいえ」と回答することも可能です。このように回答者の意志が検査結果を左右することができます。しかし投影法はどう答えたら良い答えなのかが見えないために、無意識が現れやすい検査となります。一般的には、質問紙法と投影法を両方施行する（テストバッテリーを組む）ことが多いです。

エゴグラム　エゴグラムの一部を掲載するので、ご自身でやってみてください。以下の問いにはい、いいえ、どちらでもないで回答してください（杉田峰康『交流分析』日本文化科学社、一九八五年を参考に作成）。

①あなたは規則を守ることに厳しいほうですか？

②何事もやり出したら最後までやらないと気がすみませんか？

③責任感が強いですか？
④……しなくてはいけないとよく口にしますか？
⑤時間やお金にルーズなことが嫌いですか？
CP：　点

⑥頼まれたらたいていのことは引き受けますか？
⑦他人の世話をするのが好きなほうですか？
⑧他人の短所よりも長所を見るほうですか？
⑨人の失敗に寛大ですか？
⑩あなたは思いやりがあるほうだと思いますか？
NP：　点

⑪あなたは感情的というより理性的ですか？
⑫仕事は能率的に片付けますか？
⑬結果を予測して行動しますか？
⑭何かをするとき、自分にとって損か得かを考えますか？
⑮身体の調子がよくないときは、自重して無理を避けますか？
A：　点

⑯うれしいときや悲しいときに、すぐに顔や動作に表しますか？
⑰あなたはよく冗談を言いますか？
⑱子どもがふざけたり、はしゃいだりするのを放っておけますか？
⑲マンガの本や週刊誌を読んで楽しめますか？
⑳わあ、すごいなどの感嘆詞をよく使いますか？

ＦＣ：　点

㉑あなたは遠慮がちで消極的なほうですか？
㉒思ったことを言えずあとから後悔することがよくありますか？
㉓無理をしてでも人からよく思われようと努めるほうですか？
㉔他人の顔色を見て行動するほうですか？
㉕自分の考えよりも、親や人の考えに影響を受けやすいほうですか？

ＡＣ：　点

回答が終わりましたら、はい2点、いいえ0点、どちらでもない1点で合計を出してください。

（3）エゴグラムの五因子

ＰＡＣをさらに五つに分けて考えるのがエゴグラムです（図4－3）。これも五つの私と考えることができます。

ＣＰ：Critical Parent　批判的な親
ＮＰ：Nurturing Parent　養育的な親
Ａ　：Adult　大人
ＦＣ：Free Child　自由な子ども
ＡＣ：Adapted Child　順応した子ども

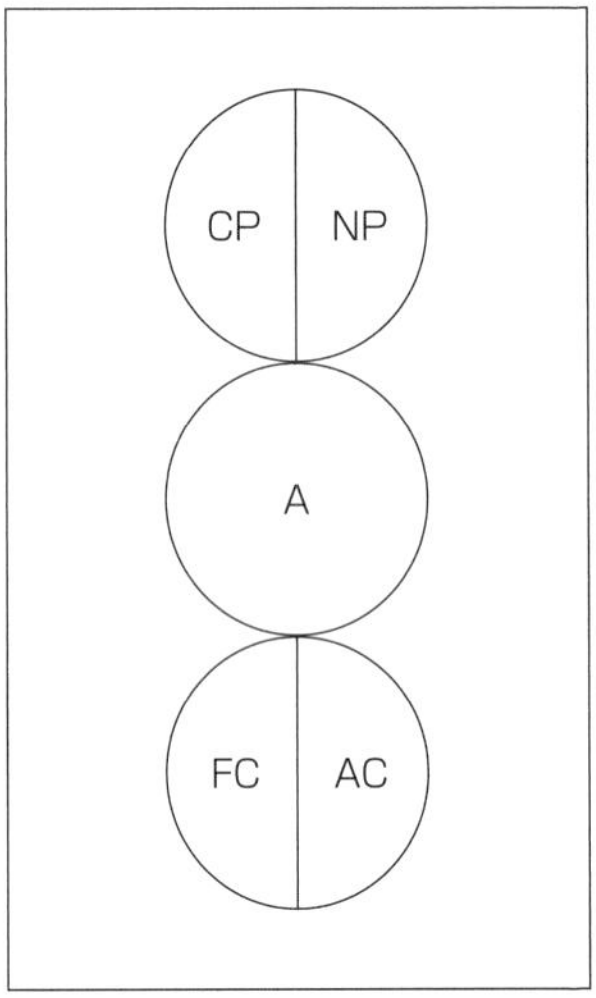

図4-3　エゴグラムの5因子

ＣＰは主として父親から受け継ぐもので、道徳や倫理などを重んじ、……すべきだという表現をよく使う完全主義的な部分です。ＮＰは主として母親から受け継ぐ、他者の世話をするとか、面倒をみるという部分です。下に弟妹がいると、自ずと高くなります。人の世話をする職業の人も高くなります。Ａは三因子のＡと同じで、現実的、客観的、合理的に物事を判断する部分です。ＦＣは天真爛漫でうれしいことはうれしい、悲しいことは悲しいと感じる部分です。実は五因子のうちＦＣが自分自身にとっては一番大切な因子となります。気分転換をしたり、ストレス発散をするのがこの因子だからです。ＦＣが極度に低いと、自分にストレスが溜まってしまいます。ＡＣは協調性の部分ですが、どちらかというと、周囲の様子を気にして、周りに合わせたりするいい子ちゃんの部分です。みんなが手をあげてるから私もあげておこう、というような感じです。

先ほどの大雪の例で考えてみましょう。

ＣＰ：人が溢れてこんな危険な状態を招くとはＪＲ（小田急、東京メトロ）はなってない！
ＮＰ：こんなに人が溢れているなかに子どもがいるわ。大丈夫かしら。
Ａ　：他の交通手段はないか。あとどのくらい並ぶのだろう。天気予報を見よう。
ＦＣ：わー雪がたくさん降ってるな。テレビも来てる！
ＡＣ：みんな並んでるからこのまま並んでようかな。

先ほど回答採点していただいたご自身の結果を再度見直し、自分を客観的に考えてみてください。

エゴグラムの五因子は、得点が高ければ良い、低いのは悪いという考え方はしません。得点を手がかりに自分の中で五因子がどのようなバランスであるのかということを知ることが大切です。ただ、一番高い因子は、危機的な状況で作動してきます。たとえばＦＣの高い方は、地震の例では、教員であっても思わず「わー、今日の地震大きいね、すごい揺れてるね。やだな」などとつい口から出てしまうものです。自分の作動しやすい因子を知っておくことは大切です。そして強いて言うならば、低い因子を高くしましょうということです。意識的に低い因子を高めるということが必要なときがあります。

先ほど、ＦＣは自分にとって大切な因子だと書きました。外来にいらしたＦＣの低い方に、「趣味はなんですか？」とうかがうと「ゴルフです」「映画を見ることです」と答えてくださることがあります。「では来週までに少しそのような時間を持ってくださいね」と申し上げると、次の外来のときにどのようになっていると思いますか？　「頑張って趣味の時間を持ちましたよ」とおっしゃるクライエントを見ると、手は血豆で血だらけだったり、睡眠を削って映画を見すぎて目の下のクマが真っ黒だったりします。これはFCが高くなったのではなく、どの因子が高くなったのでしょうか？　私の指示を守る、言われたことをしなければいけないというCPが高くなっただけです。つまり、趣味の時間を持って、ますますストレスが溜まってしまったということです。このようにFCは大切である一方で、高くするのが難しい因子でもあります。ではどうしたらよいでしょうか。FCを高くするには五感を大切にすると効果的です。読者の方は、今日の朝食に何を召し上がりましたか？　どんな味でしたか？　学校や職場に行くまでの空の色はどのようでしたか？　このような日常生活のなかで意識的に五感を働かせていただくと、FCは高くなります。是非試してみてください。

(4) 五因子からの発言が子どもに与える影響

教員、保護者の自己理解は他者理解をする際に必要なことだと説明をしてきました。そして、エゴグラムなどを通して客観的に自分を観察し、自己理解を深めることが大切だということも説明しました。それでも、この世の中には非常に主観的な大人はいるものですし、知らず知らずに自分の色眼鏡で子どもを見てしまっていることもあります。

では、ここでは五因子のそれぞれの因子が高いと、子どもにどのような影響を与えているのかということを学習しましょう。まず、ご自身でどのような影響があるかということを考えていただき、その後解説を読み進めていただきたいと思います。

CPが高い場合　教員や親は子どもに対してCPから接しがちです。それは主従関係を生じさせ、結果的に子どものこころの発達に影響します。
良い面：道徳や規範、倫理などが身につく。
悪い面：いつも大人の評価を気にして、顔色をうかがったり、びくびくする。反抗したくなる。わかってくれないと感じる。
なりやすい傾向：劣等感を抱く。自己肯定感が低くなる。反抗的になる。

NPが高い場合

良い面：リラックスする。安心する。大切にされていると感じる。
悪い面：依存的になる。自立できない。
なりやすい傾向：自己肯定感が高まる。自信が出る。従順。自主性が育たない。

Aが高い場合

良い面：冷静で合理的、現実的になる。
悪い面：相手を冷たい、怖いと感じる。余計なことを話さないようにする。
なりやすい傾向：冷静、現実主義、真面目。

FCが高い場合

良い面：楽しい。一緒に遊びたい。やってみたい。
悪い面：だらしない。友達関係と同様にとらえる。
なりやすい傾向：自己肯定感が高まる。のびのびと積極的になる。切り替えが苦手になる。

ACが高い場合

良い面：周囲の様子を見る。合わせようとする。

悪い面：判断せずに、周りの様子をうかがう。

なりやすい傾向：協調性ができる。自主性が育たない。依存的になる。

これらは一般的な傾向ですが、いずれかの因子の強い影響力を持っている人が関わると、自ずと子どもたちのこころの発達が偏ってきます。特に小学校の担任の場合、子どものこころに強い影響を残します。一般的に小学校低学年の担任はＦＣが高い方が人気が出るでしょう。しかし高学年になると、ＦＣの高い先生は馬鹿にされます。ＣＰの高い先生は小学校では怖い先生として一目おかれますが、中高生になると、うざい先生として反抗の標的になるでしょう。このように、子どもの発達段階によって、それぞれの因子の影響は異なってきます。

（5）教育相談で必要なコミュニケーションのスキル

教育相談でこれだけは覚えておいてほしいというコミュニケーションパターンについて、交流分析を用いて解説します。

モンスターペアレントなどと言われる、理不尽なことを言ってくる保護者の場合、それは保護者のＣから発信されていることが多くあります。「先生のクラスになってから学校が楽しくないと言っている」などという場合です。

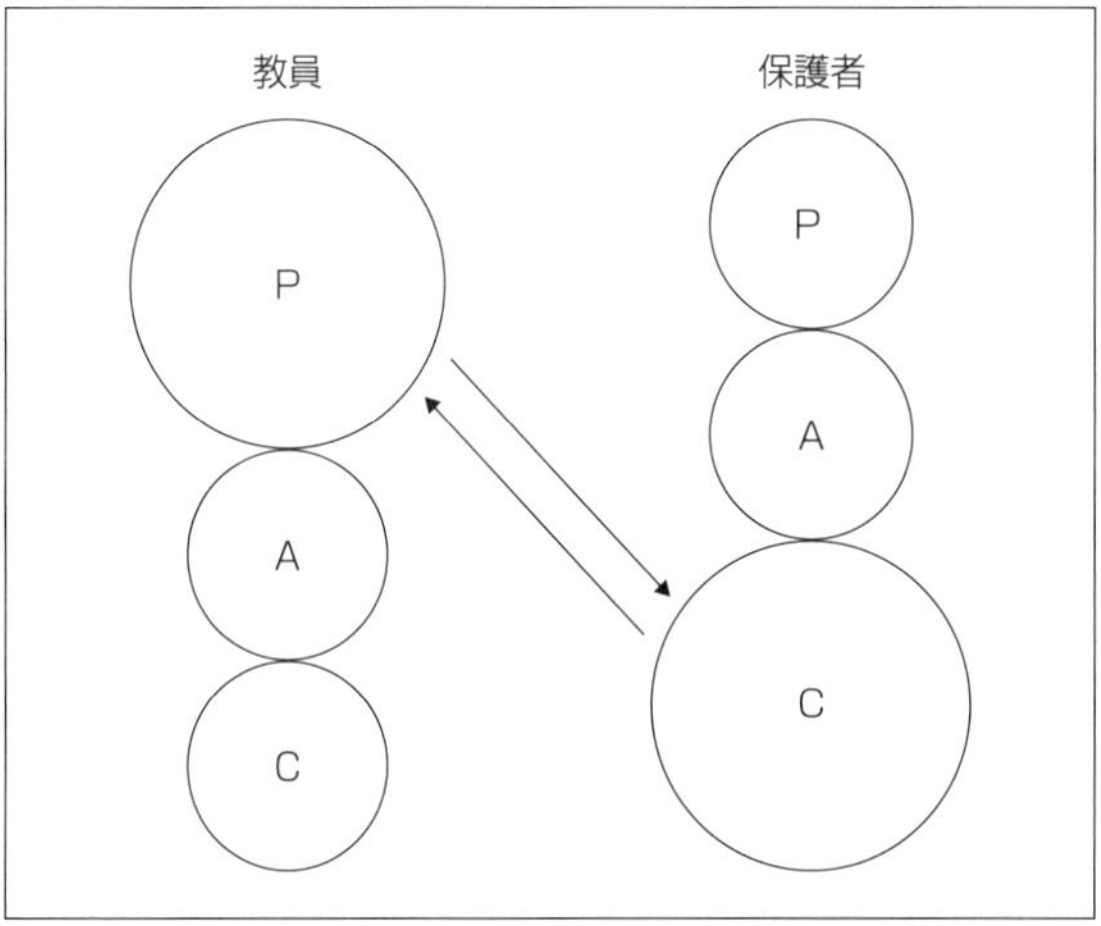

図 4-4　教員と保護者に生じやすいＰ対Ｃの交流

問い：この保護者の発言に対して、ＰＡＣそれぞれから答えてみてください。

教員はもともとＰからの発言が多くなる職業です。この保護者のＣからの発言にＰから答えて、権力で押さえつけるというような構図になると、図４‐４のような交流になります。これで保護者が黙ればそれで終わるかもしれませんが、ほとんどの場合、カチンときてさらにＣからの攻撃が始まります。そうなると、一見Ｐからの発言ですが、教員のＣも刺激され、「そういうお母さんだから子どもも楽しくないというのだ」などと発言したくなってくるのです。こうなると必ず揉めます。

では、そのような場合どのように対応したら良いかを解説します。Ｃからの発言の場合、なんとなく揉めそうだ……という予感がするはずです。その場合はすべてＡから答えます。Ａは大人の自我であり、感情ではなく客

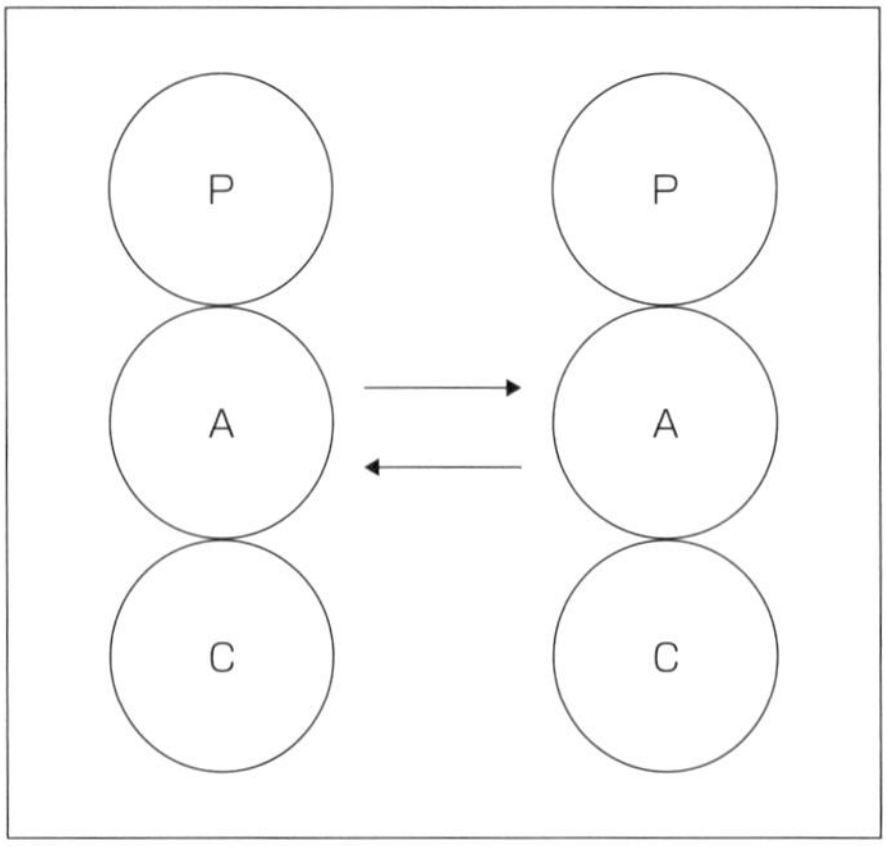

図 4-5　A 対 A の相補的交流

観的事実で判断をするのですから、「先生のクラスになってから学校が楽しくないと言っている」に対して、「お子さんがそうおっしゃったのですか？」「いつからですか？」「楽しくないというのはたとえばどういうことがですか？」などと答えるのです。このようにAから発信すると、相手もAで答えなければならなくなります。このように、AとAのコミュニケーションに持ち込むことが、揉めそうな場合のコミュニケーションでは非常に有効になります（図4－5）。

しかし、ここで勘違いしてはいけないことがあります。これ幸いと、たとえば夫婦の会話で「また週末ゴルフなの？」という奥さんからの問いに、揉めそうだからAで答えようとして「ゴルフといっても仕事です」とか「千葉のゴルフ場です」などと答えると、逆に奥さんは怒り出し、より揉めることでしょう。つまり、近い関係、信頼関係のある関係ではAとAのコミュニケーションではなく、「ごめんね」「なるべく早く帰るね」などのCとCのコミュニケーションが大切なのです。

4　色眼鏡の外し方

ここまで私たちがかけている色眼鏡について解説してきました。無意識から来ているものもあり、なかなか自身の色眼鏡には気づきにくいものだと書いてきましたが、色眼鏡を外すことはできるのでしょうか？

そもそも外すためには、色眼鏡をかけていることに気づかなければなりません。しかし、「私は破壊的な人間だ」とか「いつも人を不快にしている」などということはなかなか自覚できないものです。そのようななかでも、自分の色眼鏡に気づくためのポイントをあげておきましょう。自分がいつも繰り返している事柄（行動や言葉）に気がつくことです。たとえば、「私はいつも皆の中心人物だ」とか、「私の周りはいつもくだらない人間だらけだ」などということがあれば、いつもは周囲が自分より劣っていると思っているわけですが、少し違う視点から考えてみるとよいでしょう。「もしかしたらそう思っているのは自分だけかしら？」「周囲の人のどこが劣っているのかしら？」という具合です。このように多視点から物事を観察し、捉えることは主観的になりすぎることを制御します。

別の例では、熱心にある人の悪口を言い続けている人をよく見かけます。内容はともかく、その人はいつもある人の悪口を言っているのです。読者の方はお気づきと思いますが、もちろんこれはサインです。自己肯定・他者否定の形をとっていますが、実際は自分に自信がなく、他者が悪いことをなんとか周囲に認めてほしいなどという、自己肯定感の低い人の取りがちな行動です。この場合も「そういえば私、いつもあの人の悪口を言っている」「いつもあの人のことばかり考えている」という自分に気づくことが、色眼鏡を外すきっかけとなることでしょう。

5　主観の塊の人間には近づかない

4でも述べたように、主観の塊の人は自分が主観的だということに気づかないどころか、周囲が悪いと思い込んでいます。このような人たちに、気づきを促そうと思っても、これは至難の技です。以前「このくらいの年齢の子どもは「死ね」は挨拶代わりの言葉だ」と言い切るスポーツ系のコーチに出会いました。「死ね」が挨拶なのでしょうか。コーチがそのような考え方ですから、子どもたちのいじめや卑劣さはひどいものでした。また、私は母親でもありますので、母親集団にも属することが多々ありますが、真顔で自分や自分の子どもがいかに被害者かということを述べ続けたり、逆にいかに素晴らしいかということを滔々と述べ続ける人たちにも出会いました。自分の子どもが可愛いのは当然のことですが、ほとんどの場合、自分は悲劇のヒロインで悪いのは相手だとか、周囲は自分の家来だくらいに考えているので、自分の色眼鏡に気づくのは無理でしょう。

当然このような主観の塊の人たちには強いコンプレックスなどがあるのですが、私たちはこれらの人たちを理解し更生させたり、セラピーを行う義務も必要もありません。君子危うきに近寄らず。危険だと思ったら、回避し、自分と同じように疑問や危機感を抱いている人たちと情報を共有していくとよいでしょう。

【課題】

・自身のエゴグラムの五因子を用いて、自分の性格についてまとめなさい。

第5章 いじめ

1 はじめに

すべてに共通して言えることではありますが、学校内の問題も当然早期発見・早期解決が望まれるということです。そのためには、標語になっていますが、「まさかいじめ？」と思わずに、「もしかしたらいじめかもしれない」と事態をとらえ、教員や保護者が事態を慎重に継続的に観察することが早期発見を助けます。さらに、学級が安定していることも重要です。荒れた学級では異変に気づきにくくなります。

また、大前提となることを確認しておきたいのですが、被害者本人の欠点といじめは無関係です。以前は、いじめられる側にも原因がある、という考え方がありました。これはレイプされた人間がタンクトップを着ていたからレイプされたのだという論理と同じです。いじめられる側、レイプされた側にはなんの責任もありません。いじめられっ子、という言葉も存在していましたが、人間誰しも欠点があるので、探そうとすれば被害者に原因もあるでしょう。しかし、それといじめは無関係であり、本人の欠点は本人が克服していけばよいことです。現代のいじめは、そのほとんどが乗り越える必要のないことです。本論に入る前にこのことを確認しておきます。しかし、ここで終わってしまったのでは本書のテーマである理解ということを忘れてしまっています。いじめ加害者（レイプは犯罪です）の場合、加害者という行為がサインになります。きちんと生徒指導を行ったうえで、なぜそのような行為をしたのか、傾聴し理解する必要があります。第1章4の事例に書いたように、背景にさらなるいじめが隠れているかもしれません。加害者自体が自宅で虐待を受けているかもしれません。そのようなことを見落とさないためにも、加害者被害者という括りではなく、一人ひとりの子どもたちにきちんと向き合うことが大切なのです。

2　いじめの定義

現在はいじめは許されないと、いじめ防止対策推進法、すなわち法律で制定されていますが、かつては、いじめは成長に必要なけんかだ、というような意識でした。しかし、一九八六年「葬式ごっこ」という言葉が社会を震わせましたが、東京都中野区で起きた、中学二年生の男の子がいじめにより自殺をしたことが大きくいじめへの認識を変化させたのです。教員も含めた学級で、葬式ごっこが行われたという報道は記憶にある方もおられるでしょう。一九八五年に出されたいじめの定義「自分より弱いものに対して一方的に、身体的・心理的な攻撃を継続的に加え、相手が深刻な苦痛を感じているものであって、学校としてその事実を確認しているもの」に対して、一九八六年に「場所は学校の内外を問わないこととする」と改訂されたのです。一九九四年には愛知県の中学二年生の男の子が多額の金銭を脅し取られるなどのいじめを苦に自殺しました。この年に、「自分より弱いものに対して一方的に、身体的・心理的な攻撃を継続的に加え、相手が深刻な苦痛を感じているもの。なお起こった場所は学校の内外を問わないこととする。なお、個々の行為がいじめに当たるか否かの判断を表面的・形式的に行うことなく、いじめられた児童生徒の立場に立っておこなうこと」と改訂されているのです。そして、二〇〇五年北海道において、小学校六年生の女の子が教室で首吊り自殺をし、意識不明のまま二〇〇六年に亡くなりました。その後二〇〇七年の新定義には注がつけられました。このように、世論に押されるような形で定義は変遷をしているのです。

平成一九年（二〇〇七年）の文部科学省のいじめの定義は以下の通りです。

個々の行為が「いじめ」に当たるか否かの判断は、表面的・形式的に行うことなく、いじめられた児童生徒の立場に立って行うものとする。「いじめ」とは、「当該児童生徒が、一定の人間関係のある者から、心理的、物理的な攻撃を受けたことにより、精神的な苦痛を感じているもの。」とする。

注1「いじめられた児童生徒の立場に立って」とは、いじめられたとする児童生徒の気持ちを重視するということである。

注2「一定の人間関係のある者」とは、例えば、同じ学校・学級や部活動の者、当該児童生徒が関わっている仲間や集団（グループ）など、当該児童生徒と何らかの人間関係のある者を指す。

注3「攻撃」とは、「仲間はずれ」や「集団による無視」など直接的にかかわるものではないが、心理

的な圧迫などで相手に苦痛を与えるものを含む。
注4「物理的な攻撃」とは、身体的な攻撃のほか、金品をたかられたり隠されたりすることなどを意味する。

被害者がいじめられたと感じたら、それはいじめなのだということです。これは非常に重要なことです。ところがこの定義があるにもかかわらず、ワイドショーなどで見る被害者や保護者からの訴えに対する学校の会見では、「いじめは確認できない」「いじめがあるかどうかは調査中」などと言っています。この時点で、すでにこの学校のいじめに対する態度を露呈してしまっているわけです。

それ以外にも、被害者が訴えたところで、「いじめではない。けんかだ」「いじめられる側にも問題がある」「受け取り方の問題だ」「この学級にいじめはない」などと答える教員がいます。子どもが勇気を振り絞って相談してきたにもかかわらずです。また、加害者に指導せずに（指導できずに）、「あなたが声をかけなさい」「あなたが輪に入らないからだ」などと被害者に指導の矛先を向け、対外的には指導したという言い訳を述べることは許されません。そのような無責任なことを言う教員は加害者と同類です。

先に述べたいじめにより自殺をした子どもたちは、いじめに対する社会の認識を変えましたが、死んではいけないのです。死なせてはいけないと言ったほうがよいかもしれません。また、死ぬような辛さを体験する日々が長く続くことは、死ぬより辛いのです。子どもの力になれる教員・大人が必要です。

3　いじめ防止対策推進法

二〇一三年六月、いじめ防止対策推進法が交付されました。これも定義同様、二〇一一年に大津市の中学二年生の男の子が自殺したという具体的な事件のあとに制定されました。詳細は、文部科学省のＨＰ（http://www.mext.go.jp/a_menu/shotou/seitoshidou/1337219.htm）および別添３（http://www.mext.go.jp/a_menu/shotou/seitoshidou/1337278.htm）を参照してほしいのですが、文部科学省が、いじめ防止対策推進法の施行に伴い、平成二十五年から定義しているものを抜粋します。


（定義）

「いじめ」とは、「児童生徒に対して、当該児童生徒が在籍する学校に在籍している等当該児童生徒と一定の人的関係のある他の児童生徒が行う心理的又は物理的な影響を与える行為（インターネットを通じて行われるものも含む。）であって、当該行為の対象となった児童生徒が心身の苦痛を感じているもの。」とする。なお、起こった場所は学校の内外を問わない。

「いじめ」の中には犯罪行為として取り扱われるべきと認められ、早期に警察に相談することが重要なものや、児童生徒の生命、身体又は財産に重大な被害が生じるような、直ちに警察に通報することが必要なものが含まれる。これらについては、教育的な配慮や被害者の意向への配慮のうえで、早期に警察に相談・通報の上、警察と連携した対応を取ることが必要である。

この法律において、いじめの定義以外に、第四条では児童等にいじめを禁止しています。さらに、第七条では学校設置者の責務、第八条では学校及び学校の教職員の責務、第九条では保護者の責務等を規定しています。いじめの中には犯罪行為として取り扱うものがあり、警察との連携の重要さも示されています。早期発見のための措置、教員の配置、連携の仕方、第四章においては、いじめの防止等に関する措置として、いじめ通報等の義務についても規定してあり、第五章では、学校種別ごとの重大事態への対応についても規定があり、国として、いじめを許さないということが明確になっています。

また、これまで文部科学省では明確に定義されていなかったインターネットを使用したいじめについても明示されており、これらへの対策も言及されています。インターネットを使用したいじめは頻繁に行われており、今後もＩＴの発展に伴い減少することはないでしょう。

4　いじめの現状

いじめの現状を見ていきましょう。図５‐１のグラフはいじめの認知件数（平成一七年までは発生件数）を示しています。いじめの認知件数は過去最多で、特に小学校で急増しています。

次に、いじめの学年別の図５‐２に内訳を示します。総数では小学校低学年・中学年と中一が圧倒的に多くなっています。高校になると激減します。

次にいじめの態様を表５‐１（八九頁）に示します。どの学校でも、冷やかしやからかい、悪口や脅し文句、嫌なことを言われるが一番多く、次いで軽くぶつかられたり、遊ぶふりをして叩かれたり、蹴られた

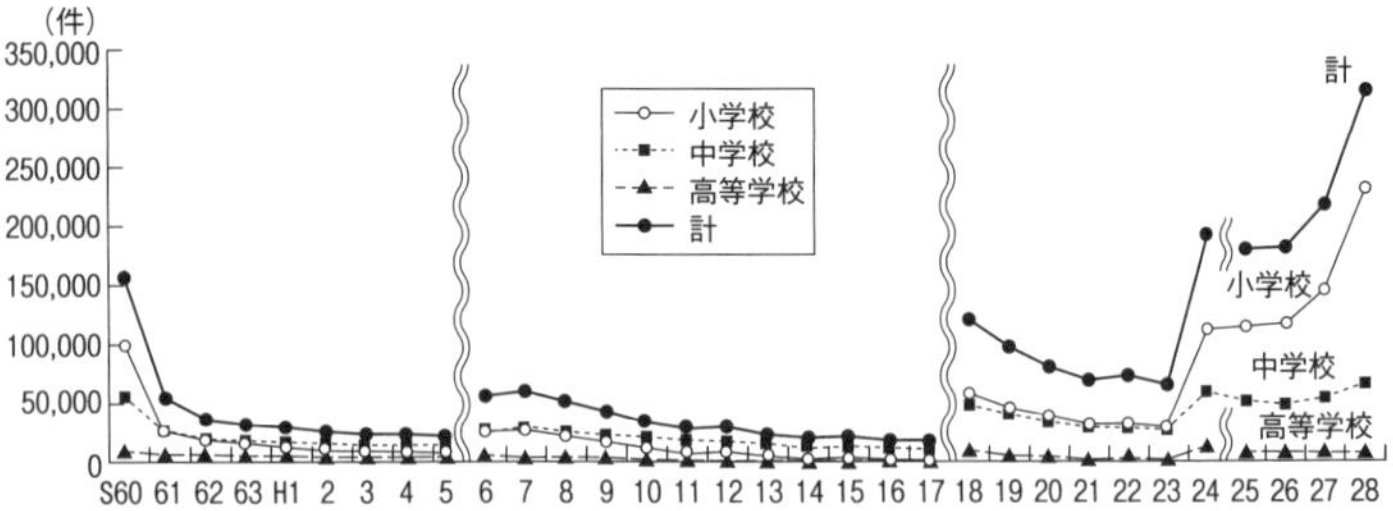

図 5-1　いじめの認知数の変化　（注１）平成５年度までは公立小・中・高等学校を調査。平成６年度からは特殊教育諸学校、平成 18 年度からは国私立学校、中等教育学校を含める。（注２）平成６年度及び平成 18 年度に調査方法等を改めている。（注３）平成 17 年度までは発生件数、平成 18 年度からは認知件数。（注４）平成 25 年度からは高等学校に通信制課程を含める。（注５）小学校には義務教育学校前期課程、中学校には義務教育学校後期課程及び中等教育学校前期課程、高等学校には中等教育学校後期課程を含む。
（「平成 28 年度「児童生徒の問題行動・不登校等生徒指導上の諸問題に関する調査」（速報値）について」より引用）

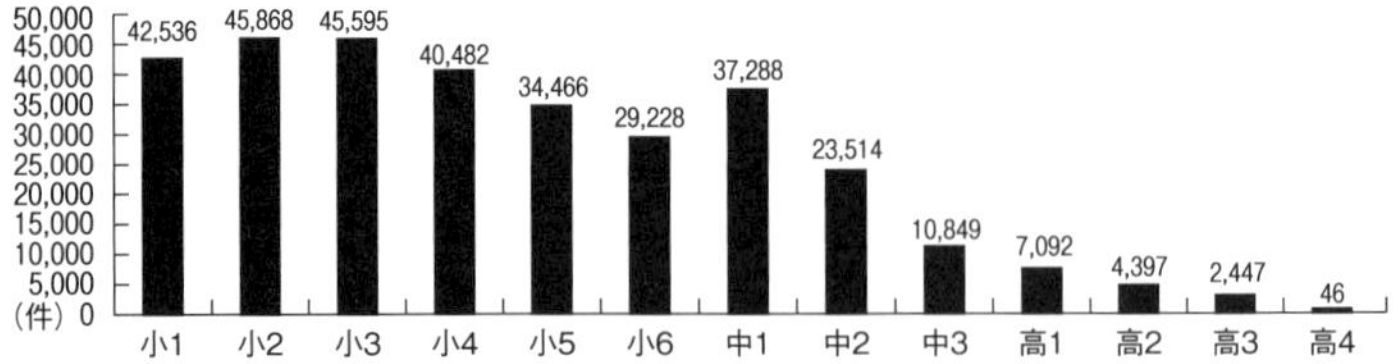

図 5-2　いじめの学年別の内訳（同前）

りするとなっており、すれちがいざまに何かされるなど小さく見える行為が多いことがわかります。

5　いじめの構造

いじめの構造を図5－3（九〇頁）に示します。いじめは被害者、加害者のみで行われているのではなく、四層構造すべてでいじめが構成されていると考えます。すなわち、外側の聴衆・観衆、傍観者まで含めて加害者であると考えます。聴衆・観衆というのは、囃し立てたり、煽る人たちを指します。傍観者というのは、その場にいて他人事のようにただ見ている人たちを指します。いじめを見たり知

表 5-1　いじめの態様

	小学校	中学校	高校	特別支援学校
冷やかしやからかい，悪口や脅し文句，嫌なことを言われる	61.7	65.7	62.0	51.0
仲間はずれ，集団による無視をされる	15.6	14.3	14.9	7.7
軽くぶつかられたり，遊ぶふりをして叩かれたり，蹴られたりする	24.0	15.3	12.3	23.1
ひどくぶつかられたり，叩かれたり，蹴られたりする	6.8	4.7	4.8	8.4
金品をたかられる	1.4	1.2	2.9	2.1
金品を隠されたり，盗まれたり，壊されたり，捨てられたりする	6.3	5.9	5.9	4.3
嫌なことや恥ずかしいこと，危険なことをされたり，させられたりする	7.5	6.3	6.8	9.2
パソコンや携帯電話等でひぼう・中傷や嫌なことをされる	1.1	8.0	17.4	8.1

（同前より筆者がまとめたもの）　学校は国立，公立，私立の合計。認知件数に対する％を表示

ったりしていても、子どもたちは、自分は直接手を下していないと、加害者である認識がないだけでなく、他人事のように感じています。それゆえ「やってないから」と言うのです。聴衆・群衆の中には、囃し立てることにより、自分自身の欲求を発散して「すっきり」している子どもや、自分は加害者ではないので安心している子どもなどがいます。傍観者の中には、「自分がターゲットになるのが怖い」と思っている子どもや、「かかわらない方が良い」と思っている子ども、「被害者にもいじめられる理由がある」などと思っている子どもなどがいます。

事態を知っているのに、止めていない、教員などを呼んでいない、何もしていない、のは見て見ぬフリをしただけであり、いじめの片棒をかついでいることを明確にし、厳しく生徒指導をすべきです。

しかし、もう一つ大きなポイントがあります。子ども達の中に、ノーと言える子、いじめをやめようと言える子どもを育てることです。このいじめの構

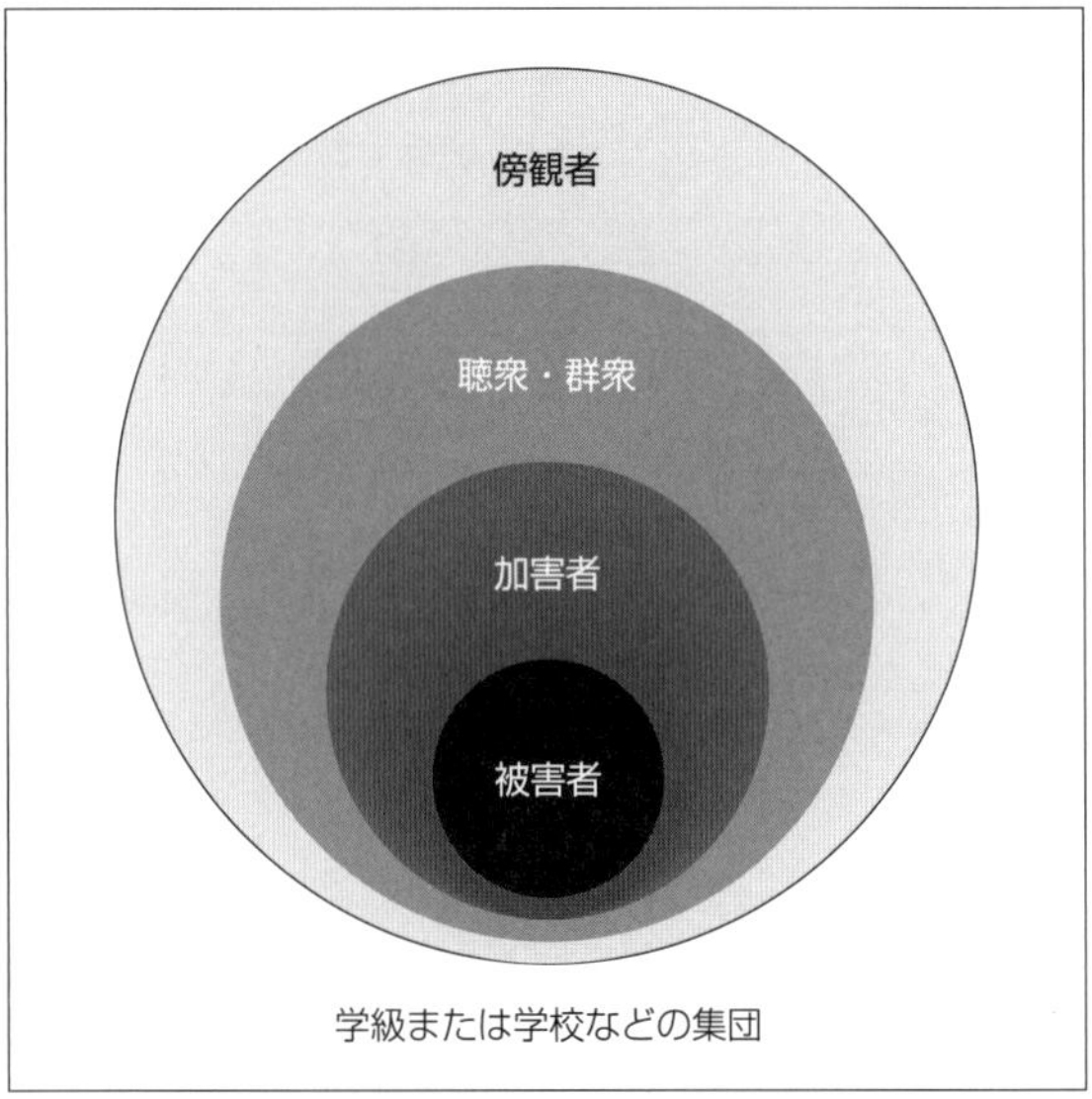

図 5-3　いじめの構造

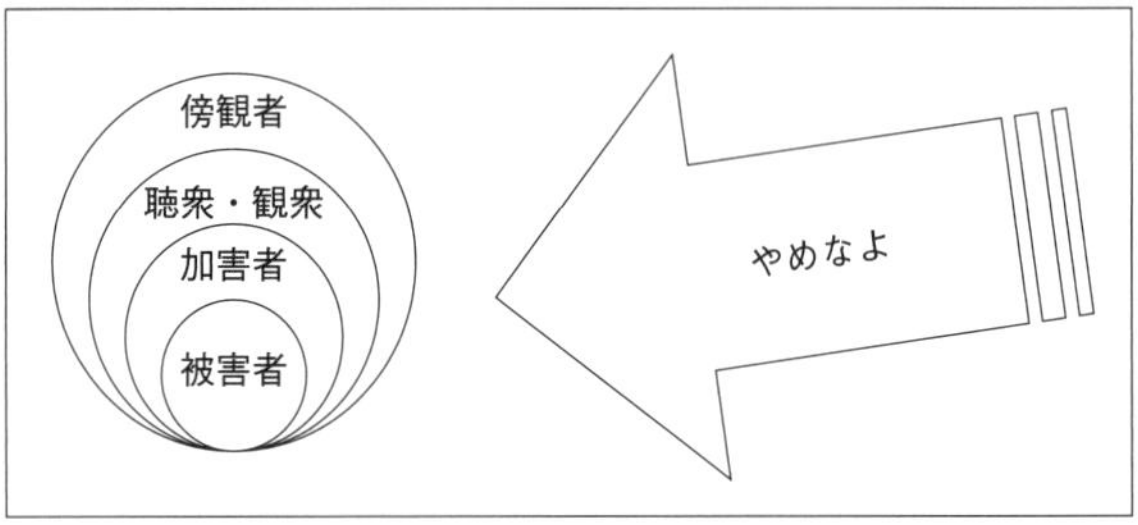

図 5-4　いじめに No と言える子を育てる筆者のイメージ

造のなかに新しい集団を作るわけです。「やめなよ」「なんでそんなことするの？」と言える子どもたちの数が大きくなればなるほど、加害者が少数派となり、学級の雰囲気がいじめはダサい、という方向に反転していきます。イメージを図5－4に示しました。

おそらくこのような子どもたちを育てることが、実は一番教育的な指導となるでしょう。

次にいじめの構造のわかりやすい事例を提示しますので、考えてみましょう。

【事例】 小学校五年生男児へのズボン脱がし

スクールカウンセラーが廊下を歩いていると、五年生の教室のほうから大声や叫び声が聞こえてきた。どうしたのかと思い、教室に向かい歩き始めると、担任（四〇代男性）が走って行ったので、大丈夫だろうとカウンセリングルームに戻ることにした。数分後に断末魔と言えるような「ぎゃああああ」という恐ろしい叫び声が聞こえたので、慌てて教室に走って行った。すると、教室の入り口に担任が固まったように立ちすくんでおり、教室の中では複数の男の子たちに一人の男の子が押さえつけられたままズボンを脱がされていた。周囲では女の子たちがその光景をヒソヒソ言いながらじっと見ていた。

解説 発達課題のところで解説したように、小学校高学年になるとホルモンの影響もあり性差を意識するようになり、ズボンを脱がすなどの性的ないじめが多くなる。この事例はいじめの構造がそのままいじめに現れている。まず被害者がいる。加害者は実際に手足を押さえズボンを脱がせた複数名である。聴衆・観衆は、実際には手を下していないが面白がったり、囃《はや》し立てたりしている複数名である。傍観者はヒソヒソ言いながらじっと見ている女子である。聴衆・観衆、傍観者は誰もいじめを止めていない。教員を呼びに行った者もいない。その場にいた全員がいじめの共犯者・加害者である。女の子たちは、興味もあり、じっと見るわけであるが、女の子を含む複数名の前で性器を丸出しにされる恥、手足を押さえられ抵抗できない恐怖不安や怒りと無力感。いじめというよりも、人格を否定している。

もう一つの問題は、この担任である。子どもたちの対応を終えたカウンセラーが、なぜ教室の入り口に立って一部始終を見ていたのかを尋ねると、「自分たちで解決できるのを待っていた」と述べた。自分が介入し、止める勇気もない腰抜けであることを、あたかも自分が教員としての役割を全うしたように語っている。第4章で学習した自己理解とはほど遠いところにいる教員である。この担任も加害者である。ただここで注意してほしいのは、いじめの構造というからには、集団で行われることが多く、興奮して異様な盛り上がりを見せている集団に一人で介入するのは非常にエネルギーが必要だということだ。この場で、もしひるんだならば、隣の教室の先生などに「一緒に止めてください」と声をかけ、教員も複数で対応するとよい。

いじめの構造を理解し、いじめは卑劣だという生徒指導などをする際に、この概念を用いて説明をすると、子どもたちにもわかりやすくなると思います。

6　いじめの特徴と対策

発見が困難　いじめはなかなか発覚せず、発見しにくい。また、いじめが特定できても、加害者が特定できない場合も多い。↓日常的に観察して発見することが必要。

インターネットを使用　LINEなどを使用する。発覚しそうになると、そのトークやグループチャットを削除される可能性が高い。↓見つけたらすぐに画面を写真に撮影する。

教員不在　いじめは教員の目の届かないところで行われる（休み時間、登下校時、部活の前後など）。↓不在を減らす、休み時間も当番制で廊下や校庭に教員がいるようにする。

チクリ　教員や保護者に訴える（チクる）と、さらにいじめると脅されている場合が多い。被害者から話を聴き、加害者をいきなり呼び出すことはしてはいけない。被害者の了承を得て、加害者へのアプローチが始まる。↓被害者の話を聴いていればメンバーもある程度特定できているので、複数の教員が観察して現場を発見すればチクリにならない。

ターゲット　ターゲットが次々変わるため、自分が次のターゲットになることを恐れていじめに加わる子どもが多く、いじめを口外しない。↓中心的な加害者（ターゲットにならない子）を把握する。

加害者と仲が良く見える　ほとんどの場合、加害者と被害者はじゃれあっている、いつも一緒にいるなど、仲が良く見えている。また多くの場合、被害者が加害者をかばう。仲が良かったからいじめがないというのは単なる思い込みである。↓仲が良く見えることがいじめの発見を遅らせると考え、観察する。

証拠　「シカト」という無視する行動は物的証拠が残らない。↓メモを残しておく。

被害者の心理　被害者は強いショックを受けると、それを人に伝えることが困難になる場合があるため、助けを求められないことがある。↓サインに気づく。

加害者の心理　加害者は自分が人をいじめたという意識を持たないことが多い。その場合、罪悪感は感じない。加害者にも理由があるので、生徒指導をするだけでは不十分である。↓継続的な指導と支援が必要。

学校側の問題　学校側または担任は、いじめと認定すると、さまざまな責任問題が生じるため、いじめを隠すことがある。しかし現在はいじめ防止対策推進法が成立しているため、隠蔽した場合、学校としての責任が問われる。↓非協力的だと感じたら、保護者が自主的に動く。教育委員会、警察などにも連絡する。

7　いじめ問題への基本的な対応方法

(1) 学校として

いじめはなかなか発覚せず、発見しにくいのはすでに述べた通りです。人前でするいじめはそれほど深刻ではないとも言えるでしょう。また、特にインターネット上の書き込みなどの場合、いじめが特定できても、加害者が特定できない場合もあります。まずは、一人ひとりの教員が人任せではなく、自分の目で子どもたちの様子を観察し、サインを早期発見し、早期対応をすることが必要です。そのためには、教員自身が心身ともに健康であることが求められます（第8章3メンタルヘルス参照）。日々の校務分掌で疲れすぎていたり、荒れた学級を一人で抱えて悩んでいたり、教員自身が学校組織のなかでいじめにあっていたりすると、子どもたちの理解に至ることができないでしょう。つまり、学校組織内の信頼関係が構築されていることが重要であり、その信頼関係があれば、いじめを許さない学校作りが可能になります。学校でチームを作り（第11章教育相談と連携参照）、校長、担任、副担任、学年主任、養護教員、スクールカウンセラー、スクールソーシャルワーカー等で複数観察、複数対応をし、学校全体でいじめを許さないという強い姿勢、教員同士が協力して即対応するという一貫した姿勢を持ち、子どもたちに示していくことが子どもの手本にもなります。さらに、日頃から事例研究会を定例化させるなどの、積極的な体制も大切です。

また、保護者の影響が大きいとは思いますが、子どもたちが教員を馬鹿にしているために、非常に苦労する先生方もおられます。「先生、教育委員会に言うぞ」などと教員に言い放ち、教員がなかなか思うように指導できないこともよくあります。このような場合も、教員個人ではなく、学校としての姿勢を示していくと、動きやすくなるでしょう。

昔は学園もののドラマといえば金八先生がその代表でした（しかし大学生に授業で金八先生を例に出したところ、何割かの学生は見たことがないと回答してきましたので、ご存知ない方はＤＶＤなどで是非ご覧になってみてください）。金八先生はある意味職人芸なのです。武田鉄矢さんでなくては金八先生でないし、あの髪型やあの話し方でないとダメなのです。しかし、現代は一クラスに数件の問題が起きていることが多いので、金八先生のように一人で飛び回って解決する方法は所詮無理なのです。そして、金八先生は一人で頑張っているので、後輩が育ちません。現代は何人もの金八先生が欲しい時代なのです。

（2）被害者への対応

いじめられていると訴え出てきた子どもには、まずは本人の話すことを傾聴し、私はあなたの味方であるという安心感を持ってもらえるような存在となることが必要です。しかしそのような存在になるということは、非常に重い責任を伴うことでもあります。教員は常に自分自身が安定し、一貫性を持つことが求められ、継続的に支援し続ける、ということなのです。疲れたから今日はやめておこう、というわけにはいきません。ですから、自分一人で行うのが難しいと感じたならば、早い段階から複数の教員で対応することや、スクールカウンセラーにも関わってもらうなどの方法を考えます。こころのケアが必要な場合は、スクールカウンセラーを通して専門家を紹介することが必要な場合もあるでしょう。保護者と連携して、家の様子を教えてもらうなどの情報交換も有効でしょう。さまざまな立場の大人が協力体制を作り、被害者を支援していくことが大切です。中途半端に関わっていたのでは、いじめは解決できません。覚悟を決めてしっかりと向き合い、解決していく。そのために、孤軍奮闘ではなく、チームでの対応が大切になってきます。

（3）加害者への対応

被害者の了承を得られた場合は、早急に加害者から話を聴きます（第2章登校しぶりのBくんの事例も参照してください）。加害者が複数の場合は、口裏を合わせることができないように、複数の教員で一斉に話を聴いたり、職員室で待たせたりするなどの工夫が必要です。その際も、加害者と決めつけて、生徒指導的な態度（交流分析のＣＰ）で呼び出すならば、加害者が真の気持ちを語る可能性は低いでしょう。加害者に対しても、事実関係およびなぜそのようなことになったのかを傾聴すべきです。

被害者がチクリを恐れ、絶対に言わないでほしいというケースも多くあります。「絶対に言わないで」と言うことを話してしまったのでは、信頼関係が壊れ、被害者はますます追い詰められるだけです。熱意だけでいきなり加害者にアプローチすることは禁忌です。まず加害者には絶対に漏らさないので、先生たちで情報を共有してもよいかを尋ね、了承をもらいます。そして早急に教員が複数体制で観察しいじめの現場を発見する、本人以外からの情報提供があったとするなどの方法をとり、本人のチクリではないことを明確にしながら早期対応します。いずれにしろ迅速に動くことが必須です。どこかで教員と被害者が接触しているのを、加害者が見ているかもしれません。またチクリではないと言ったとしても、発覚後はいじめが陰湿になりがちです。保護者とも協力しながら、きちんとした対応が必要です。

学級の他の子どもたちも認知しているいじめの場合は、学級として考える時間を設けます。学校全体としても同様です。

【事例】 いじめの背景にあるより陰湿な犯罪

中学二年のＡくんは、Ｂくんのノートに死ねと書き、窓からＢくんの教科書を捨てているところを通りがかった教員に見つけられ、生徒指導の部屋に呼ばれた。何を聴いてもＡくんは何も答えずふてくされていた。「Ｂくんの気持ちがわかるか？」と問いかけても、顔色一つ変えず、「わかるわけねーだろ」と答えてきた。保護者も呼び出し、話を聴いたが、自宅でも自室にこもることが多く、両親も困っているとのことだった。話すかどうか迷ったが、と母親が、一か月ほど前から地元の不良グループと夜遊びに出ることがあり、親としてどうしたらよいか悩んでいる矢先だったということだった。そのことを職員会議で報告したところ、Bくんの部活の顧問がBくんはその地元の不良グループに属していたはずだと言い始めた。放課後いつもBくんは楽しそうにそのグループとつるんでいたところを複数の教員も見かけたことがあると発言した。不良グループには中学生もいるが、ほとんどのメンバーが高校生以上の年齢で、学校に通っていない者も多く、地元では有名な集団万引きなども行うグループとのことだった。すぐにスクールサポーターに相談することにし、状況を伝えた。警察との連携が始まり、夜中に駐車場で殴る蹴るされているAくんとBくんが保護された。AくんとBくんの身体には洋服で見えない範囲に古い傷も含め、暴行を受けた痕が無数にあった。タバコを押し付けられた痕も複数あった。ちょうどBくんがグループを抜けようとしたところに同じ中学のAくんが現れたため、AくんにBくんへの嫌がらせを命じ、AくんはBくんのように暴行されるのが怖いので命令に従っていたが、学校にバレたことが知られ、二人とも暴行されている現場を警察が発見したのである。

解説　ここでは、警察との連携が必要な事例を提示した。非行グループが絡む場合は、「仲が良いと思っていた」というのが事件や自殺の発覚後の大人の決まり文句だ。一九九四年のいじめ自殺も、二〇一六年の川崎の殺人事件も同様のことが語られている。一時的にはそのような時期があるからこそ、その後の脱退が裏切りと捉えられるわけであるし、発達課題でも述べたように所属することが大切なので、抜けることは生死をかける一大事なのである。まして現実検討能力の低下している集団では、犯罪が起きる可能性は高い。

Aくんが行っていたBくんへの嫌がらせが教員に発見されているが、これがこの事例を解決に向かわせた大きな鍵を握っている。すなわちサインの早期発見が成功したということだ。Aくんは無意識であったとしても、気づいてもらいたかったので、どこかで見つかるように行動したのであろう。これを誰も見つけなかった場合を想像してみよう。当然Bくんへの暴行はエスカレートし、おそらく遅かれ早かれAくんも暴行のターゲットになるであろう。いかに早期発見・早期対応・早期解決が必要かということがわかるであろう。

この事例はここで解決ではない。AくんBくんへの継続した支援は当然としても、地域と一体となり、夜の街の見回りなども効果的である。この場合は、比較的小さな地域であったために、学校、保護者および商店街など地域が協力し、警察の見回りのみでなく、住民一人ひとりが子どもたちの行動に気をつけるようにした。登下校をさりげなく観察したり、夜は交替制で保護者のグループが子どものたむろしている場所を中心に保護者パトロール団を結成し、警察と連携するなどの方法も有効であった。またスクールサポーターに講演を依頼し、いじめは卑劣である、殴る蹴るは傷害罪、金銭の要求は恐喝罪にあたるなどの説明もしてもらうなどの、学校全体への啓発活動も有効であろう。（参考：文部科学省いじめ問題への的確な対応に向けた警察との連携について（通知）2013 http://www.mext.go.jp/a_menu/shotou/seitoshidou/1331896.htm）

8 加害者の理解と対応

被害者のケア、加害者への指導は検討されてきていますが、いじめ問題の場合、加害者への継続した支援が必要です。いじめの加害者となることは、加害者のSOSサインですから、理解し、支援していくことが大切です。いじめを解決して、被害者は登校再開したのに、加害者が不登校となっていく事例が多いのですが、加害者は問題児なので仕方ないと思われがちです。

一方、最近の加害者は自分がいじめているという意識すらない場合が多くあります。一昔前までは、加害者が罪悪感を募らせて後追い自殺をする危険性を配慮したこともありましたが、現在は罪悪感を抱かない場合も多いのです。相手の立場に立って、相手の気持ちを考えて、と言いますが、そういうことのできない子どもたちも多くいます。加害者が「やってない」と否定すると、教員もそれ以上どうアプローチしていいかわからず、何も進展しなくなります。対保護者も同様で、お宅のお子さんがいじめているようだ、と教員が持ちかけても、「うちの子はそんなことしていません」と言われれば、そこで終わってしまうのです。このような事態が現場で多く見られていますが、教員も一度は対応しているので、それ以上踏み込まないのです。すなわち、いじめは続いているのに、加害者の子も保護者も教員も平気な顔をしている事例が多く見られます。地元やPTAなど親の力関係で、加害者の保護者集団がいじめに加担する場合もあります。このような場合、親の関係性は、教員や被害者には関係ありません。学校は被害者を守り、いじめをなくすことが目標ですので、ブレずに加害者を理解指導していくことが大切です。

一方、前述したように加害者自身が被害者であり、パシリをさせられたり、目立つ部分でのいじめをさせられているような場合もありますので、加害者であることに騙されず、きちんと事態を把握し、いじめの実態をつかみ、介入すべきであることは言うまでもありません。

9　いじめへの指導のコツ

いじめは卑劣な行動である、ということを指導しても、なかなか子どもたちに伝わらないものです。発達から考え合わせても、いじめのピークである中学生は、教員の言うことをその通りだと思って納得する年代ではありません。よって、残念ながらこれだというコツはないというのが結論です。しかし、いじめの構造で書いたように、ノーと言える子どもを育てること、学級の力動（ダイナミクス）をいじめはカッコ悪いという方向に転じることがいじめの減少に効果的です。文部大臣のような偉い人が「いじめてはいけません」などと言うよりも、嵐のメンバーが「いじめはやめよう！」と言うほうが子どもたちには説得力があるように、校長先生や親が権威的に「いじめてはいけない」と言うよりも、子どもの中のリーダー的な子どもたちが「いじめをやめよう」と言うほうが影響力が大きいのです。また、生徒指導の先生（交流分析のCPの役割）と共感する先生（交流分析のNPの役割）と役割分担することも効果的です。CPの先生は厳しく叱り、ＮＰの先生が見守るという形です。また部活の顧問など、子どもにとって話しやすい対象がいるはずですので、全員で話を聴くのではなく、役割分担をしてみると負担も軽減します。

ときには目安箱などの利用も良いでしょう。匿名で相談などをできるようにしておくと、いじめの報告やこころのうちを吐露してくる場合もありますし、不本意ながら加害者になっている場合にいじめの発覚を望んでいる場合もあります。

では、本節のまとめとして事例を提示しますので、自分ならどのように理解し、どのようにアプローチするかということを考えてください。

10　中一女子の事例に学ぶ

【事例】　いじめ被害者・加害者への対応が成功した事例

入学直後の校外学習（友達作りを目的とした宿泊学習）の際の様子がおかしいと思っていた担任が、何気なく読んだ掃除日誌に「私を汚いというし、一人で掃除をして悲しかった」と書いてあることを見つけ、その女子を呼び出して面談をした。

公立中学のため、子どもたちは地元の三つの小学校から入学してくるが、同じ小学校からきた女子二人からいじめられていることを語った。

真面目でおとなしいこの女子は、小学校三、四年で同じクラスだった加害女子二名とは仲良しグループであった。ところがこの女子のみ中学受験を志しており、成績も良く、学級委員やクラス代表になるなど、クラスの人気者だった。先生方からも一目置かれ、この頃から加害女子二名からの嫌がらせが始まったらしい。笑い方がおかしいと真似されたり、ノートを破かれたり、靴の中に虫の死骸を入れられたりした。被害女子は家族と小学校担任に相談したところ、「優秀だし、大丈夫でしょう」と言われ、具体的な対応はしてもらえなかった。そのうえ、チクったとますますいじめがひどくなり、大人に話したことを後悔した。希望中学に合格すれば離れ離れになるので縁も切れるだろうと思っていたのに、中学受験は失敗してしまい、公立中学に入学を余儀なくされた。不合格だということにも打ちのめされ、まして加害女子のうち一名と同じクラスになってしまった。その子のところにもう一名がしょっちゅう遊びに来ては、受験失敗したねと笑うなどの嫌がらせが繰り広げられた。絶望的な気持ちのなか、なんとなく掃除日誌を書いたらしい。

ここまでで自分ならどのようにアプローチするかを考えてみましょう。自分の考えをまとめたら、次に読み進んでください。

対応方法　担任は守秘義務を約束し、保護者からも話を聴くことおよび学年の先生とスクールカウンセラーで情報共有することについて被害女子から了承を得た。保護者（母親）に電話をして、来校してもらい、担任が経緯を聴いた。それらの事実関係を学年の教員に伝え、学年の教員が観察したところ、たしかに加害女子二名が被害女子のクラスにいるところを見かけ、悪口を言っている場面に遭遇したので、口頭で注意をした。その後加害女子二名を呼び出し、担任から話をした。被害女子が頭が良く、人気があるのがムカついて意地悪をしたなど、事実は認めたが、やめてと言わないので、被害女子は悩んでいないはずだと語った。被害女子は加害女子たちと直接話すことは望まなかったので、担任とスクールカウンセラーが被害女子の気持ちを代弁し、他者の気持ちを想像することや、コミュニケーションの持ち方など、加害女子たちに考えさせる機会を数回持った。
被害女子には、小学校時代に大人に話したことを後悔したにもかかわらず、今回話してくれたので良かったことを伝え、継続的に面接を行った。そのうちに被害女子はクラスの子どもたちとも話すようになり、また先生たちと話すうちに、この中学が好きになり始め、登校することが楽しくなってきた。加害女子たちも教員と話す機会を持ち、自分たちの良い部分も認めてもらえていることも感じるうちに、被害女子への嫌がらせは消失した。

【課題】
・自分が教員ならば、どのようにしていじめをしてはいけない、いじめは卑劣だということを教えるか、中学生に対する授業形式で考えなさい。

第6章　不登校

1　不登校とは

不登校児童生徒とは、「何らかの心理的、情緒的、身体的あるいは社会的要因・背景により、登校しないあるいはしたくともできない状況にあるために、年間三〇日以上欠席した者のうち、病気や経済的理由による者を除いたもの」と文部科学省により定義されています。

二〇一七年度（平成二八年度）の文部科学省の調査（長期欠席者数の状況）によると（平成二八年一〇月二六日発表）、平成二八年度間の長期欠席者（三〇日以上の欠席者）のうち、「不登校」を理由とする児童生徒数は、小学校では三万一一五一人（前年度二万七五八三人）、中学校では一〇万三二四七人（前年度九万八四〇八人）、高校では四万八五七九人（前年度四万九五六三人）となっています。在籍者数に占める割合としては、小学

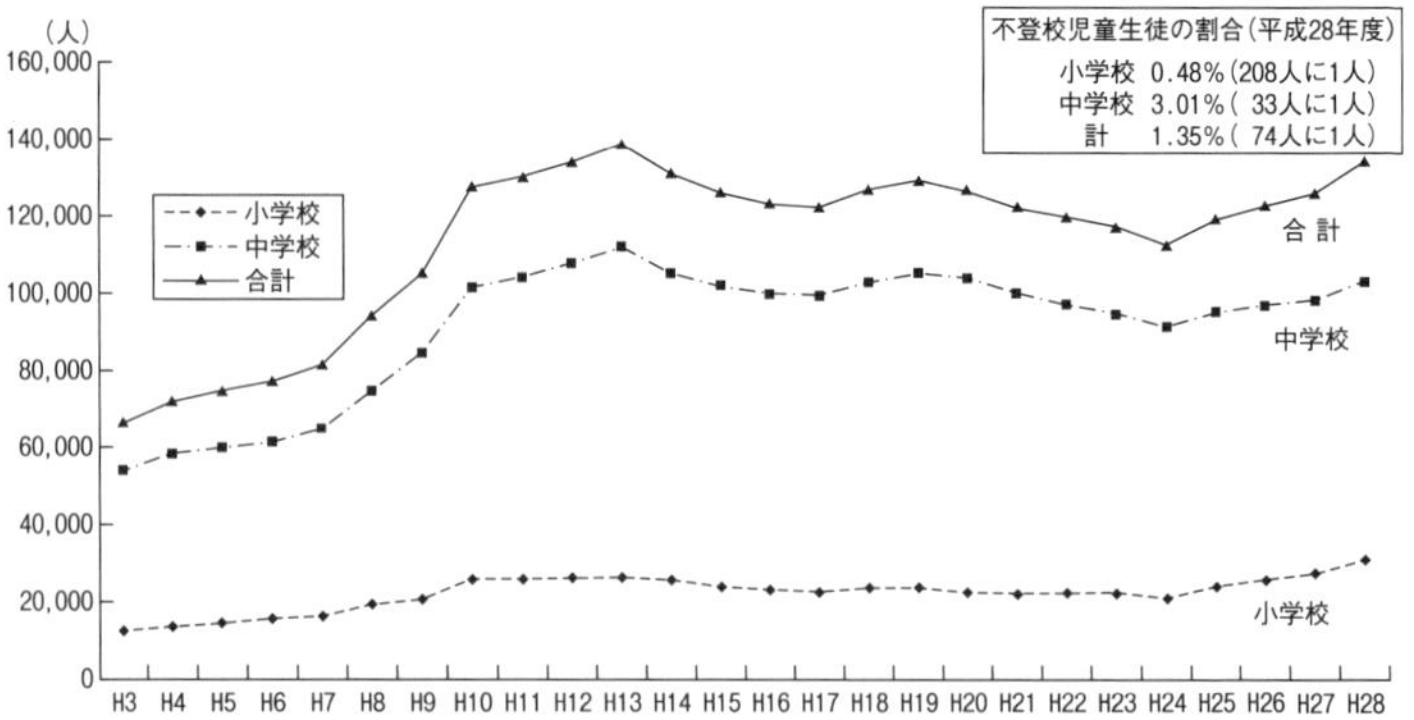

図 6-1 「不登校」児童生徒数の推移（「平成 28 年度「児童生徒の問題行動・不登校等生徒指導上の諸課題に関する調査」（速報値）について」より引用）

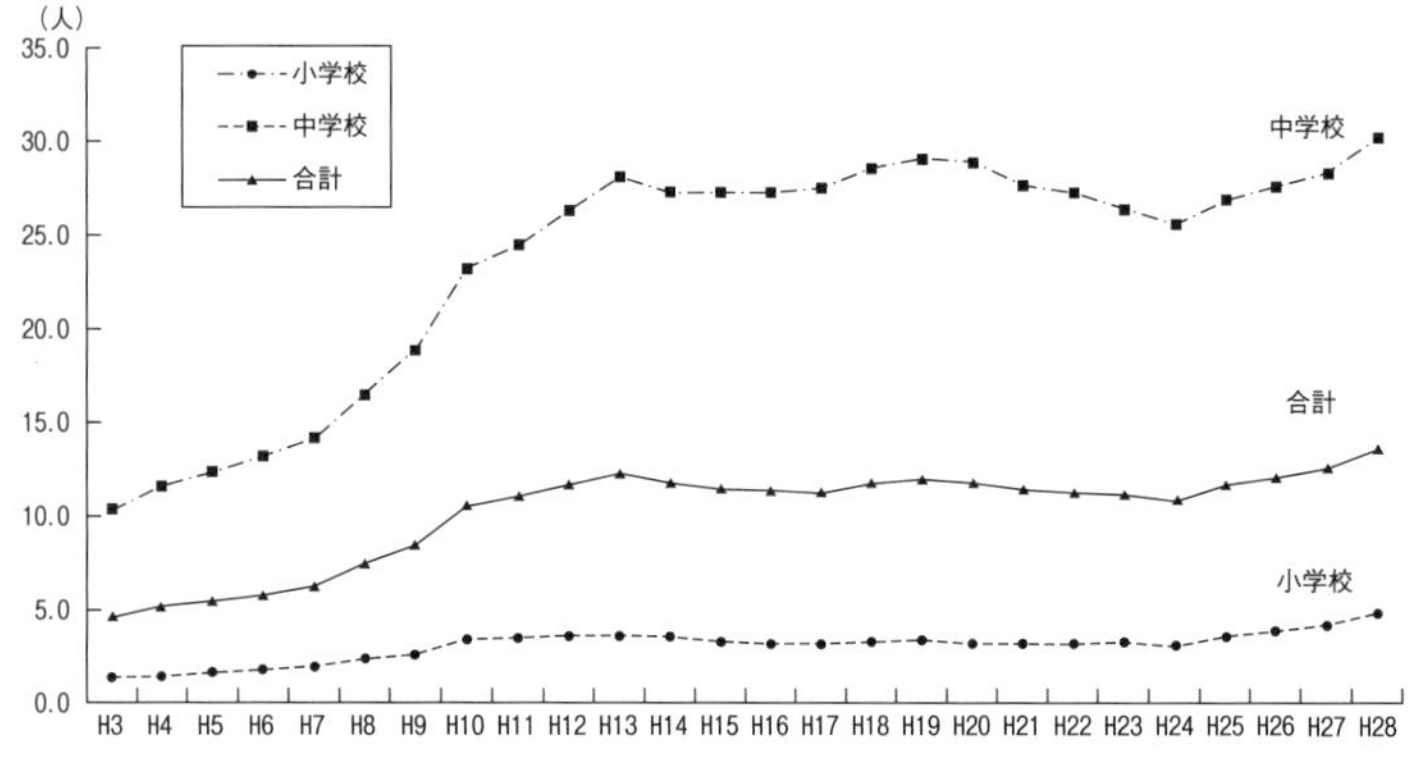

図 6-2 不登校児童生徒の割合の推移（同前）

校〇・五％（前年度〇・四％）、中学校三・〇％（前年度二・八％）、高校一・五％（前年度一・五％）となっています。

図6－1に、小・中における長期欠席者のうち、「不登校」を理由とする児童生徒数の推移を示します。

次に図6－2には小・中における不登校児童生徒の割合の推移を示します。中学校における不登校が多いことがわかります。

図6－3には学年別不登校児童生徒数を示

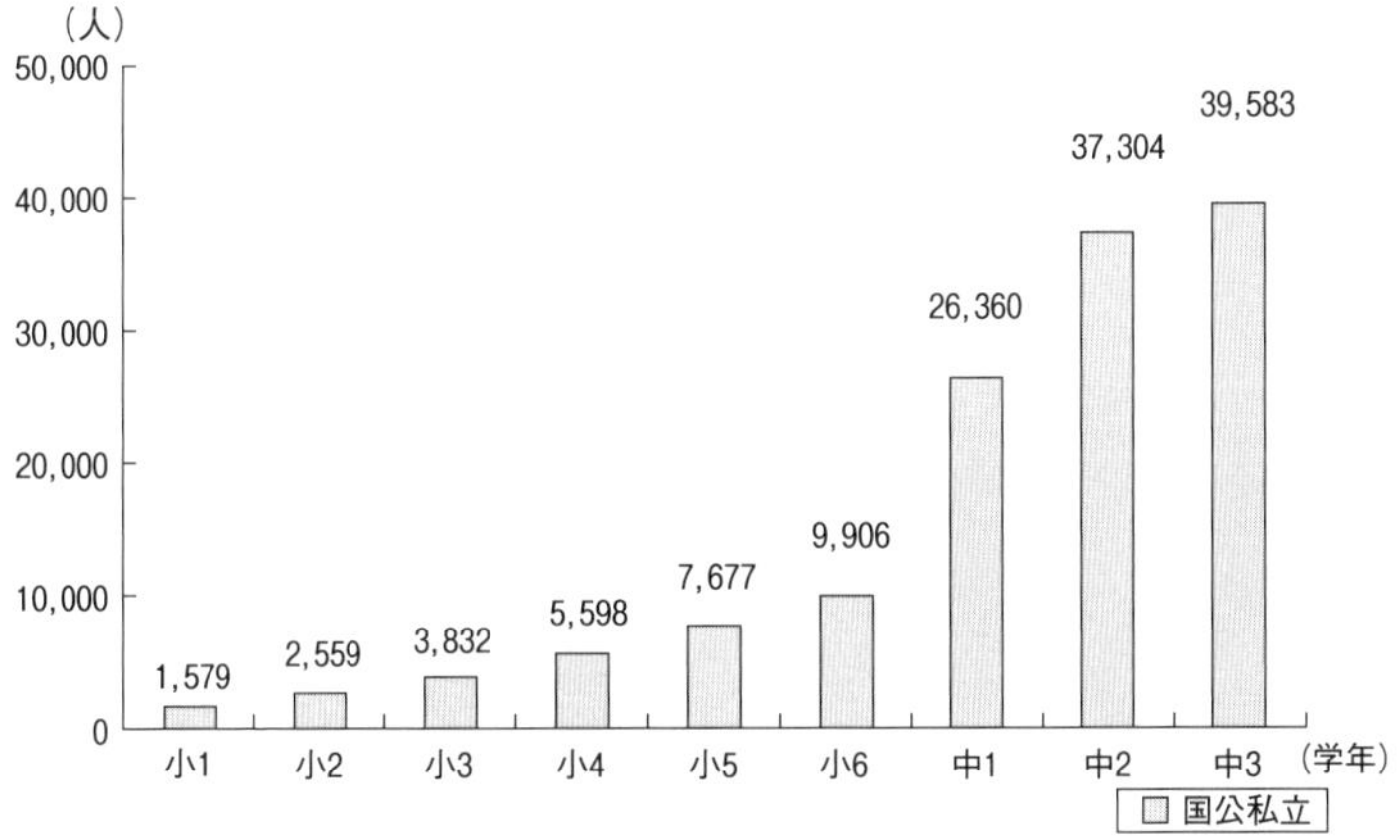

図6-3　学年別不登校児童生徒数（同前）

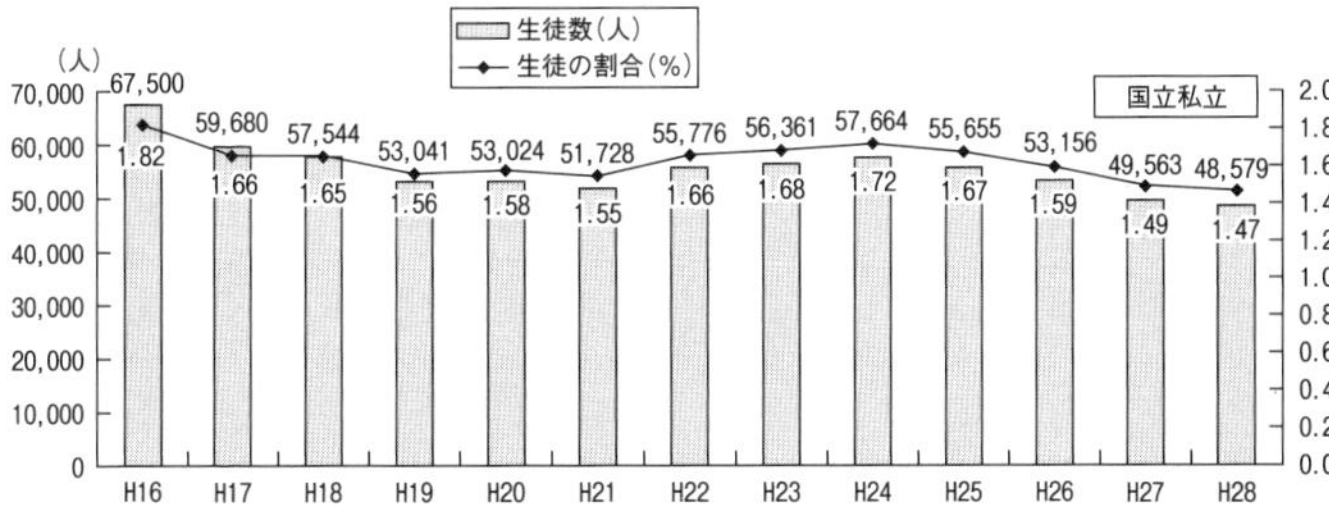

図6-4　不登校生徒数（高校）推移（同前）

します。

学年が上がるにつれ、人数が増え、中三では三万九五八三人となっています。発達課題で説明したこととかなり関係していることが推測されますので、第2章を参照してください。図6－4のグラフは高校における不登校を理由とする生徒数の推移を示しています。四年連続減少傾向を示します。

表6－1に国公私立の小・中の合計により、本人に関わる要因と学校、家庭に関わる要因の関係を示します。

不登校の要因では、本人に関わる要因としては不安の傾向お

表 6-1　国公私立（小・中）の不登校の要因

学校，家庭に係る要因（区分）／本人に係る要因（分類）	分類別児童生徒数	学校に係る状況								家庭に係る状況	左記に該当なし
		いじめ	いじめを除く友人関係をめぐる問題	教職員との関係をめぐる問題	学業の不振	進路に係る不安	クラブ活動、部活動等への不適応	学校のきまり等をめぐる問題	入学、転編入学、進級時の不適応		
「学校における人間関係」に課題を抱えている。	22,558	545	15,922	1,719	2,561	563	1,043	423	1,220	3,436	1,093
	—	2.4%	70.6%	7.6%	11.4%	2.5%	4.6%	1.9%	5.4%	15.2%	4.8%
	16.8%	78.8%	47.1%	47.1%	9.7%	10.2%	33.9%	8.6%	14.9%	7.5%	4.2%
「あそび・非行」の傾向がある。	6,414	2	564	188	1,759	247	100	2,091	167	2,663	784
	—	0.0%	8.8%	2.9%	27.4%	3.9%	1.6%	32.6%	2.6%	41.5%	12.2%
	4.8%	0.3%	1.7%	5.1%	6.7%	4.5%	3.3%	42.6%	2.0%	5.8%	3.0%
「無気力」の傾向がある。	40,528	34	4,295	503	11,429	1,656	682	1,268	2,084	17,095	8,148
	—	0.1%	10.6%	1.2%	28.2%	4.1%	1.7%	3.1%	5.1%	42.2%	20.1%
	30.2%	4.9%	12.7%	13.8%	43.4%	30.0%	22.2%	25.8%	25.5%	37.2%	31.1%
「不安」の傾向がある。	41,764	88	11,407	950	8,513	2,651	1,053	769	3,649	12,451	8,345
	—	0.2%	27.3%	2.3%	20.4%	6.3%	2.5%	1.8%	8.7%	29.8%	20.0%
	31.1%	12.7%	33.7%	26.0%	32.3%	48.1%	34.3%	15.7%	44.7%	27.1%	31.9%
「その他」	23,134	23	1,611	293	2,078	400	196	361	1,051	10,359	7,797
	—	0.1%	7.0%	1.3%	9.0%	1.7%	0.8%	1.6%	4.5%	44.8%	33.7%
	17.2%	3.3%	4.8%	8.0%	7.9%	7.3%	6.4%	7.3%	12.9%	22.5%	29.8%
計	134,398	692	33,799	3,653	26,340	5,517	3,074	4,912	8,171	46,004	26,167
	100.0%	0.5%	25.1%	2.7%	19.6%	4.1%	2.3%	3.7%	6.1%	34.2%	19.5%

（同前）

よび無気力の傾向が非常に高い数値を示しています。学校に関わる要因としては、いじめを除く友人関係、学業不振が高い数値を示しています。家庭に関わる状況も高い数値を示しています。不安の内訳をみると、家庭に関わる状況、いじめを除く友人関係をめぐる問題が高い数値です。

ここまで不登校の概要を見てきましたが、どのように感じられたでしょうか？

不登校という状態は、定義からいって、年間三〇日以上の欠席がないと不登校になりません。それだけの時間の経過が伴っているということです。また、不登校は本人が意識しているかどうかは別ですが、何か原因があって起こります。すなわち、不登校に至る前に、早期発見・早期解決が望まれるのです。

不登校という状態に陥らないためには、いじめや友人関係など学校内の問題、家庭での問題、第二次性徴などの本人の問題などを早期発見し、早期対応、早期解決していくことが重要です。不登校の状態が固定してしまうと、その期間が長ければ長いほど登校を再開することは負担になります。長期間に及ぶと、友達もその子の存在を忘れがちです。教員も学校に登校しない子どもに会うためには家庭訪問をしなければならず、気持ちの上で負担が増え、つい消極的になりがちです。一方、家族は、子どもがずっと家にいるために、負担が増加します。本人は一人で考える時間ばかりが増え、人との交流も減少し、インターネットなどの世界に引きこもったりします。このようなときに、「学校に行きなさい」と言われても、本人はますます追い詰められるだけです。まずは本人の居場所を作ることです。安心した環境の中で、なぜ学校に行きたくないのか、行けないのか、をゆっくり傾聴して、原因を探り、対応方法を考えていくのが一般的な支援の方法になると思います。参考文献にあげた絵本の『わたしのココロはわたしのもの――不登校って言わないで』は不登校の本人の気持ちをよく現していると思います。

2　不登校の歴史

わが国では、一九五〇年代後半から「学校恐怖症（school phobia）」という用語を用いて学校に登校することができない子どもたちを取り上げるようになったようです。学校恐怖症という用語は、一九四一年にアメリカのジョンソン（A. M. Johnson）が命名したと言われています。しかし、一九七〇年代には、「登校拒否」と呼ばれるようになり、登校拒否を分類してその特徴を分析する研究が進みました。主要なものとして小泉（一九七三、一九八〇）は、登校拒否を①神経症的登校拒否、②精神障害による登校拒否、③怠学傾向による登校拒否、④発達遅滞を伴う登校拒否、⑤積極的・意図的登校拒否、⑥一過性の登校拒否という六タイプに分類し、それぞれの対応法も提示しました。その後一九九〇年代に入ると、学校に行きたいのに行けない状態にある子どもたちに注目が集まるようになり、言葉も「登校拒否」に代わって徐々に「不登校」という用語が用いられるようになり、現在の標準的な用語となっています。つまり、登校を拒否しているのではなく、登校したいのに行けない子どもたちがいる、ということを認める方向に進んできたということです。

二〇〇一年（平成一三年）の文部科学省の報告において、「不登校の要因や背景としては、「不安など情緒混乱型」が二六・一％、「複合（複合的な理由によりいずれの理由が主であるか決めがたい）」が二五・六％、「無気力」が二〇・五％となっています。」と書かれており、さらに、学習障害（ＬＤ）、注意欠陥／多動性障害

（ADHD）等の発達障害に言及して、人間関係や学習のつまずきを原因として指摘しています。さらに虐待（特にネグレクト）も原因の一つとしてあげており、「個々の児童生徒が不登校となる背景にある要因や直接的なきっかけは様々で、要因や背景は特定できないことも多いという点にも留意する必要があります」とまとめています。

上記の報告も含まれていますが、二〇〇三年（平成一五年）には文部科学省から「不登校への対応について」というタイトルで、資料がまとめて発表されている（http://www.mext.go.jp/a_menu/shotou/futoukou/main.htm 参照のこと）ので参考にすると良いと思います。そこでは、魅力ある学校づくりとして、不登校の予防策も提案もされています。

また、補足すると、現代は中学受験をする小学生も多く、一月や二月の試験日は多くの子どもが欠席する学校もあります。また、学校の勉強を軽視し、塾の勉強を重視するため、試験前は塾に通うために学校に来ないなどの意志のある不登校も増えています。インフルエンザに罹患することを恐れ、試験時期に登校させない保護者もいます。

では意志のある不登校の事例を考えてみましょう。この事例は教育相談の事例でもあります。

【事例】　中学受験を理由に学校を休みがちな男児

成績優秀で中学入試を志している小六男児。八月の夏の宿泊体験も塾の夏期講習と重なるからと不参加だった。二学期に入ってからも模試があるとのことで、週末は休みがちである。一月もまったく登校させるつもりがないと母親から連絡が来た。しかし、卒業アルバム作りをしており、一月まったく登校しないとなると、かなりの数の集合写真に写らないことになる。さらに三月のお別れ会に向けて、学級で出し物をすることになっており、学級は最後に頑張ろうと一体となってきているので、この男児が学級で浮いてしまうのではないかということも心配である。そのことを母親に伝えたところ、「じゃあ中学受験に失敗したら、先生責任取れるとでも言うんですか？」と凄まれて終わってしまった。

みなさんが担任だとしたら、どのようにアプローチしていくでしょうか。まず自分の考えをまとめてください。

アプローチの方法　まず、本人に中学入試を本人が希望しているのかどうかを聴いてみることが必要だろう。もし、保護者のみが希望しており、本人は学校に登校したいというなら、保護者との話し合いが中心となる。

もし本人も希望しているとのことなら、どうしたらよいか？　学校に来たほうがよいと説得するのではなく、まずは、本人が中学受験に向けて頑張っていること、成績が良いことを褒めるべきであろう。そのうえで、今後のことを相談していく。

保護者には、担任が心配している内容を伝え、あくまでも心配している姿勢を伝え続ける。義務教育だから出席したほうがいい、というのはあまり説得力がない。むしろ、学校の勉強と塾の勉強は同じ勉強ではないことを説明する。学校は「考える力」を養うのであり、考える道筋（経緯・経過）を重視する。解答が間違っていても、なぜそう考えたのかを重視する。それに対して塾は、合格が大切である。そのためには、速く正しい解答を導き出すことに重きをおく。また、学校は学習だけではない。体育、給食もあり、集団生活や友達との関係などを体験することにより、自律性を育てるのである。それを体験できずに中学に行くのは、非常に残念だし、中学入学後が心配だ、などと話すと良いであろう。

3　不登校児の理解

文部科学省の指摘にもありますが、現代の不登校の要因と背景はさまざまです。すでに学習してきたように、不登校の子どもたちについても、個々の子どもへの理解を深めることが大切です。そのためには、第1章、第2章の復習になりますが、まず日常的な観察および情報収集が必要で、情報収集は、①学校場面、②家庭環境、③本人にまつわることという三つの領域から収集していきます。たとえば、いじめや友人関係が原因で不登校になっているのならば、①学校場面での原因となります。虐待や両親の不和などが原因で不登校ならば②家庭環境となります。初潮への戸惑いや、声変わりや身体つきの変化への戸惑い、ジェンダーやアイデンティティの形成などが原因で不登校が起きているならば③本人にまつわることが原因となっているのです。当然これらが複合している場合もあります。情報収集後に本人の話を傾聴してみ

表 6-2　不登校の多軸評価

第一軸	背景疾患の診断
第二軸	発達障害の診断
第三軸	不登校出現様式による下位分類の評価
第四軸	不登校の経過に関する評価
第五軸	環境の評価

（齊藤 2007 より）

ると、よりよくわかります。そして、これらの背景（原因）が理解できると、自ずと対応方法が見えてくるということはすでに述べたとおりです。

　そのうえで、スクールカウンセラーや教育センターなど学校内外との連携が必要な場合は連携を行い支援します。現在は学校以外の通院やセンターへの通所、適応指導教室への出席を学校の出席とみなす動きも活発になってきています。

　不登校の子どもたちの理解のうえで客観的な指標となると思われる、不登校の多軸評価という指標があります。表６－２に齊藤（二〇〇七）の不登校の多軸評価を示します。

　第一軸「背景疾患の診断」は、「不登校の子どもの精神状態や精神機能が病理的といえるかどうか否か、病理的であるならばどの疾患概念が適用されるべきかを評価」します。不登校の子どもたちは精神疾患のみではなく、身体疾患を呈することも多くあります。担任一人ではこれらの評価は難しいので、養護教諭、スクールカウンセラーや校医と連携して判断します。もし受診が必要な場合は、子どもや保護者の心理状態に配慮しながら、医療機関への受診をすすめます。

　第二軸「発達障害の診断」は、「子どもに発達障害の兆候がないか否かの評価」です。発達障害については第９章で学びますが、子どもの登校への自主性を待つような関わりでは解決できません。周囲でチームとなり、担任（担任との関係が難しければその子どもが安心できる教員）、保護者、それまでに関わりのあるクラスメイトとの関係を安定的に継続させます。地域等との連携も必要です。

第三軸「不登校出現様式による下位分類の評価」は、表6－3に示す五つの型に分類して評価する方法です。

過剰適応型：いわゆる周囲に気を遣う良い子ですが、そのために、些細なことにこだわり突然不登校状態に陥ることがあります。

受動型：苦手な（怖い）学校場面を消極的受身的な姿勢でなんとか乗り切ろうとする子どもたちです。常に緊張しているので疲労しやすくなります。

受動攻撃型：見かけは受動型と同じですが、怒りが隠されているため、周囲は関わるとなんとなく不快になります。

衝動型：衝動の統制の悪い子どもです。背景に発達障害や虐待が隠れている可能性もあります。

混合型：これらの混合した型です。

表 6-3　不登校の下位分類

過剰適応型
受動型
受動攻撃型
衝動型
混合型

（齊藤 2007 より）

第四軸の「不登校の経過に関する評価」は、不登校の経過を、不登校準備段階、不登校開始段階、ひきこもり段階、社会との再会段階の四段階とし、その段階にあるかという評価をします。四つの段階について簡単に説明します。

不登校準備段階：なんの兆候もない子どももいますが、さまざまな身体症状（腹痛、頭痛、めまいなど）や精神症状（対人恐怖、抑うつ、強迫など）や問題行動を起こします。この際にサインに気づくことで、不登校に至らないこともあります。ただ注意して欲しいのは、たとえば若年性糖尿病などが発病した際にだるさなどのために、不登校と誤解されているケースを何例も経験しました。重大な身体疾患を見落としてはいけないので、不登校と決めつけないで対応すべきです。

不登校開始段階：本人が不安や焦りなどのために自己評価が下がる時期です。学校に行きなさいなどと家族から言われて関係が悪化することが多い時期でもあります。教員の言葉も同様ですが、友達からの誘いには応じる可能性が高く、すんなりと登校再開する場合もあります。

ひきこもり段階：本人の精神的にはある意味安定する時期ですが、直接的な関わりが困難になる場合があり、学級の一員であることを伝えるためにも、保護者との継続的な関わりを保つべきです。

社会との再会段階：学校以外であっても、たとえば外出やボランティアなども含めた家の外での活動を始める段階です。

第五軸は「環境の評価」で、子どもを取り巻く環境全般の評価です。

4　不登校児への対応

(1) 不登校が固定する前に

先にも書きましたが、定義には三〇日以上を不登校とするとありました。すなわち、不登校となる前に、教員および家族は早期発見・早期解決をしていかなければなりません。遅刻早退が始まったり、欠席が目立つようになった段階、不登校準備段階、いわゆる登校しぶりの段階ですぐに気づき、第2章7で学習したように、その原因を探り始めることが大切です。虐待が疑われるならば、第7章で学習する、複数観察をして学校として児童相談所などに早急に通告します。教員との関係がうまくいかないことが原因ならば他の先生と連携します。このように不登校が固定する前に、なんとか解決につながるような道筋を見つけられるように努力することが何よりも必要なのです。

（2）不登校期間中の対応

学校に行っていないことを一番気にしているのは本人です。学校に行きなさい、サボるな、などという言葉は禁忌です。保護者と学校が連携をして、子どもの様子を共有して、対策を練っていきます。登下校の時間になると腹痛などの身体症状が出現し、それが過ぎるとけろっとしている様子から、仮病を疑う保護者や教員もおられますが、決して仮病ではありません。身体症状には、器質的疾患と機能的疾患があり、不登校の子どもはほとんどが機能的疾患です。つまりストレスが高まると下痢はするけれども、大腸癌などが存在するわけではないということです。

不登校のご相談に来られる保護者はとにかく早急な登校再開を望まれるのですが、「学校に行きなさい、とおっしゃると、その分登校する時期が遅くなりますよ」と説明します。不登校開始段階では、子どもたちは精神的に追い詰められますので、次に説明する居場所を提供することがとても大切です。

居場所の提供　不登校期間は、教員や仲の良い友達がプリントを届けるなどの家庭訪問をするほうが良いとマニュアル的には言われています。しかし、担任との関係が悪く不登校になっている場合、いじめの加害者が口止めのためにプリントを届ける役割を買って出ている場合などもあり、背景を理解せずに単にマニュアルを遂行するだけでは、落とし穴がたくさんあります。

いずれにしてもここで大切になるのは、休んでいても児童は学級・学校の一員であるという居場所の提供になります。休んでいるうちに、児童の座席は教室の一番後ろの端に固定されていたり、運動会や学芸会などの行事に不登校の子どものことが考慮されていないことを知れば、登校を再開する可能性は低くなります。出席をとる際に、担任が積極的に不登校の子どもの名前を飛ばしてしまうようでは、学級の子どもたちも皆、その子の存在は無いと考えるようになります。残念なことに、義務教育の間は、自動的に中学に進学できるために、不登校児童や保護者にまったく関わらずにいる教員を見かけます。面倒くさい、手がかかるという態度を見せ、保護者からも教員にアプローチしにくい雰囲気を醸し出している教員も見かけました。これでは今後の学校生活が楽しく希望のあるものという認識をするわけもなく、結果的に中学校も不登校、そして学校をやめるという経過を辿るケースが多いのです。

一方、家庭では「学校に行きなさい」「なんで行かないの?」と登校を急かす保護者が多くいます。これは心配のあまりについ発してしまう言葉ではありますが、学校を休んで一番悩んでいるのは本人です。ここで追い詰められてしまうと、逃げ場がなくなります。学校は行きたくない／行かれないけれど、自宅には安心していられるわけですから、まずはその安心していられる居場所を確保すべきです。

既述したように、不登校という行動は、子どもからのメッセージです。メッセージをしっかりと受けとめ、理解しようとする態度を示し続けることが閉じこもる子どものこころをふと動かす力になることが多いのです。

学校と家庭のズレ　教員は日常の生活のなかで多忙な日々を過ごし続けています。そして、不登校になると、その子どもの姿は目の前から消えます。それに対して、本人は一人きりの世界で一日の大半を過ごし、いろいろなことを考えています。家族は、本来学校に行っているはずの時間に家に子どもがいて、仕事や家事が通常のようにできない場合もあります。また、目の前に子どもがいるとどうしても気になるものです。このように、不登校になると学校と家庭の現実的な状況が変化し、そのために学校側は消極的になり、保護者はストレスが溜まり、相互の理解や連携が難しくなり、結果的に不登校を固定させてしまうことがあります。

学習支援　不登校の場合、登校ばかりに気を取られ、盲点となるのが学習支援です。特に不登校期間が長期化した場合、学習が非常に遅れてしまいます。登校を再開したときに勉強がわからず二次的三次的な傷つきを受けて、再び不登校に戻ってしまう可能性もあります。学年の進度通りに勉強させる必要はありませんが、最近はアプリやゲームで漢字・計算・歴史などを遊び感覚で学ぶことができるので、やりたいものをやらせるとよいでしょう。保護者と一緒にやってみてもよいでしょう。他者や社会と関わるという視点からは、保護者と連携し、大学生の家庭教師を頼む（区や市に心理学部や教育学部の学生ボランティアの登録制度がある場合も多い）なども良い支援です。

インターネット　不登校をしていると、だんだん昼夜逆転し、夜中はずっとパソコンやゲームをしている子どもがいます。不登校に限らず、スマホを片時も離せなくなる子どもが増加しています。保護者は躍起になってパソコンやスマホをやめさせようとしたり、早寝早起きをさせようとしますが、うまくいかないことが多いのです。視点を変えると、インターネットの使用は、直接的コミュニケーションは求めていないけれど、インターネットを介してのコミュニケーションや社会との関わりを求めていると考えられます。直接口をきかなかった子どもがメールでは返信をくれる場合もあります。ただ禁止するだけでなく、何が楽しくてそんなに夢中になるのか、どういうゲームをしているのか、など、子どものしていることを理解しようとすることも大切だと思います。パソコンが得意ならば、たとえば学級新聞や調べ学習などを担当してもらうなど、活躍の場を与えることもできるかもしれません。

非行や犯罪に巻き込まれたりすることもあるので、もちろんインターネットを介しての行動には大人としての指導が必要です。

(3) 登校再開後

登校を再開しても「やっと行く気になったか」などと言われると、プレッシャーになるので、直接的に言及はしません。体力的にも、精神的にも、久しぶりの登校は非常に疲れるものです。本人のペースを大切に見守りましょう。

(4) 中学校への進学

公立の場合は、同じ小学校からの友達も多く、小学校における不登校が固定化してしまうと、中学も同様に登校しづらくなります。時に、誰も知らない土地の中学ならやれると思い、遠方の私立を受験したりする児童を見かけますが、遠方の学校に入学したにもかかわらず不登校になると、よりいっそうダメージが大きくなります。また遠方のため、通学に体力をとられ、学校生活やクラブ活動を楽しめないこともよく生じています。

【課題】

・不登校期間中の対応についてまとめなさい。

第7章 虐待

幼稚園や小学校という公の場に所属できるようになるということは、それまで気づかれなかった家庭内での虐待を発見できる可能性が高くなるということです。教員は子どもたちと長い時間共に過ごし、早期発見ができる立場にあるため、援助ネットワークの一員として機能することが期待されます。もちろん近所の住人であっても同じです。誰かが発見することが大切なのです。虐待も早期発見が非常に大切で、三歳の子どもにとっての一か月はこれまでの人生の三六分の一であり、一日も早い発見がその後の人生に大きな影響を与えます。

1　児童虐待の防止等に関する法律

児童虐待の防止等に関する法律（最終改正平成一九年）（http://www.mhlw.go.jp/bunya/kodomo/dv22/01.html）

が制定され、「何人も、児童に虐待してはならない」ということが法律になりました。そこに記載されている目的は「この法律は、児童虐待が児童の人権を著しく侵害し、その心身の成長及び人格の形成に重大な影響を与えるとともに、我が国における将来の世代の育成にも懸念を及ぼすことにかんがみ、児童に対する虐待の禁止、児童虐待の予防及び早期発見その他の児童虐待の防止に関する国及び地方公共団体の責務、児童虐待を受けた児童の保護及び自立の支援のための措置等を定めることにより、児童虐待の防止等に関する施策を促進し、もって児童の権利利益の擁護に資することを目的とする」とあります。

次に児童虐待の定義ですが、

この法律において、「児童虐待」とは、保護者（親権を行う者、未成年後見人その他の者で、児童を現に監護するものをいう。以下同じ。）がその監護する児童（十八歳に満たない者をいう。以下同じ。）について行う次に掲げる行為をいう。

一　児童の身体に外傷が生じ、又は生じるおそれのある暴行を加えること。

二　児童にわいせつな行為をすること又は児童をしてわいせつな行為をさせること。

三　児童の心身の正常な発達を妨げるような著しい減食又は長時間の放置、保護者以外の同居人による前二号又は次号に掲げる行為と同様の行為の放置その他の保護者としての監護を著しく怠ること。

四　児童に対する著しい暴言又は著しく拒絶的な対応、児童が同居する家庭における配偶者に対する暴力（配偶者（婚姻の届出をしていないが、事実上婚姻関係と同様の事情にある者を含む。）の身体に対する不法な攻撃であって生命又は身体に危害を及ぼすもの及びこれに準ずる心身に有害な影響を及ぼす言動をいう。）その

表 7-1　虐待の 4 種類の分類

身体的虐待	殴る，蹴る，投げ落とす，激しく揺さぶる，やけどを負わせる，溺れさせる，首を絞める，縄などにより一室に拘束する　など
性的虐待	子どもへの性的行為，性的行為を見せる，性器を触る又は触らせる，ポルノグラフィの被写体にする　など
ネグレクト	家に閉じ込める，食事を与えない，ひどく不潔にする，自動車の中に放置する，重い病気になっても病院に連れて行かない　など
心理的虐待	言葉による脅し，無視，きょうだい間での差別的扱い，子どもの目の前で家族に対して暴力をふるう（ドメスティック・バイオレンス：DV）　など

（厚生労働省の定義を基に筆者が作成）

他の児童に著しい心理的外傷を与える言動を行うこと」

とされています。

次に、虐待の四種類の分類を表７－１に示します。実際はこれらが重複して行われているのが常です。

2　被虐待児数の推移

児童虐待は年々その数が増加しています。図７－１に厚生労働省の「平成28年度　児童相談所での児童虐待相談対応件数〈速報値〉」(http://www.mhlw.go.jp/file/04-Houdouhappyou-11901000-Koyoukintoujidoukateikyoku-Soumuka/0000174478.pdf) より児童相談所における児童虐待相談対応件数の推移を転載します。

平成二八年度の件数（速報値）は一二万二五七八件となり、前年から一八・七％増加しています。統計を取り始めた一九九〇年度から、二四年連続で過去最多を更新しています。件数増加の理由は、虐待そのものの増加に加え、社会的意識の高まりで相談・通報が増えたことによると考えられます。さらに二〇一三年八月、被虐待児だけでなく、

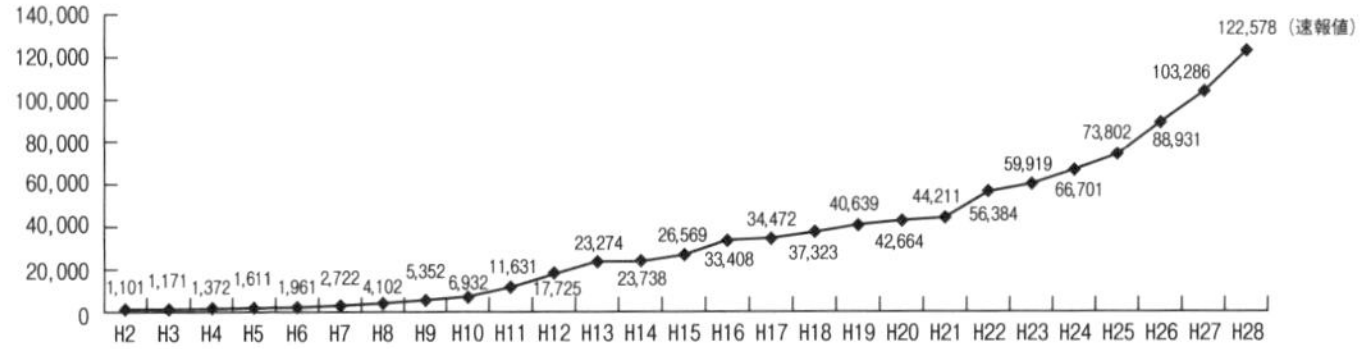

年度	平成18年度	平成19年度	平成20年度	平成21年度	平成22年度	平成23年度	平成24年度	平成25年度	平成26年度	平成27年度	平成28年度（速報値）
件数	37.323	40.639	42.664	44.211	注 56.384	59.919	66.701	73.802	88.931	103.286	122.578
対前年度比	108.3%	108.9%	105.0%	103.6%	-	-	111.3%	110.6%	120.5%	116.1%	118.7%

注）平成22年度の件数は、東日本大震災の影響により、福島県を除いて集計した数値。

図 7-1　児童相談所における児童虐待相談対応件数の推移

それを目撃したきょうだいも心理的虐待を受けたと考えて対応するよう自治体に通知したこと、国民や学校等関係機関の意識の高まりの影響も考えられると思います。

3　児童相談所での虐待相談の内容別件数

虐待の種類別の相談対応件数のグラフを見てみましょう（図7－2）。圧倒的に多いのが心理的虐待となっています。これはドメスティックバイオレンスを見せることやきょうだいの目撃も心理的虐待に含まれるようになったことが、件数が増えたことと関係しています。実際は、これらの虐待が重複して行われています。

4　虐待者別割合

虐待をする者を虐待者、虐待を受けるものを被虐待者と言います。図7－3に虐待者別の割合を示します。

昔話では継母が意地悪や虐待をするのが常ですが、実際は実母の割合が一番多く、実父の割合も年々増加しています。実の父親と母親の合計は平

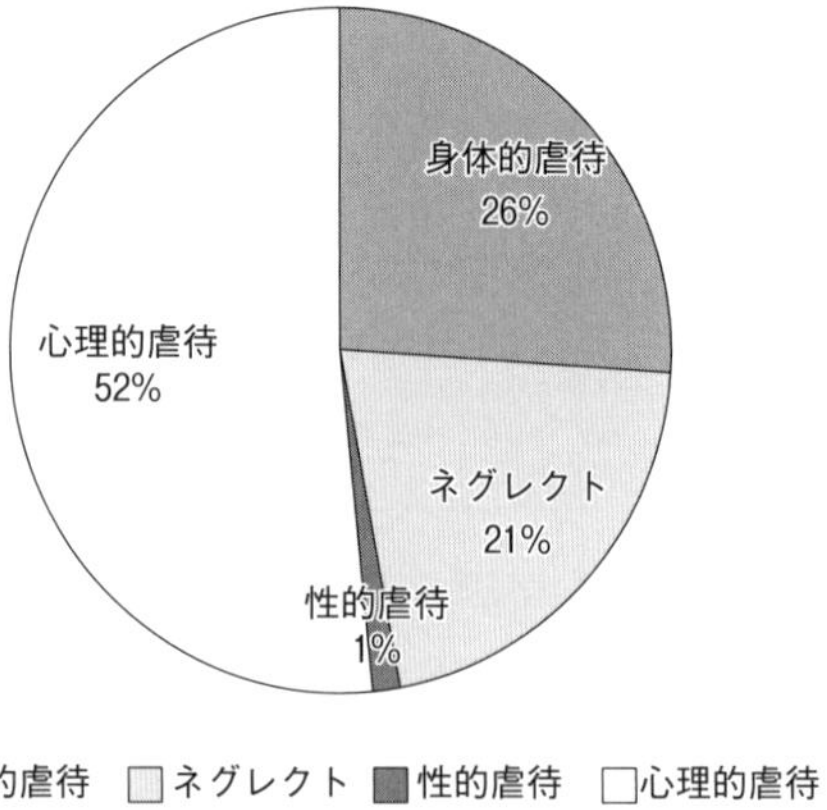

図 7-2　児童虐待の種別ごとの相談件数（速報値を筆者がグラフ化したもの）

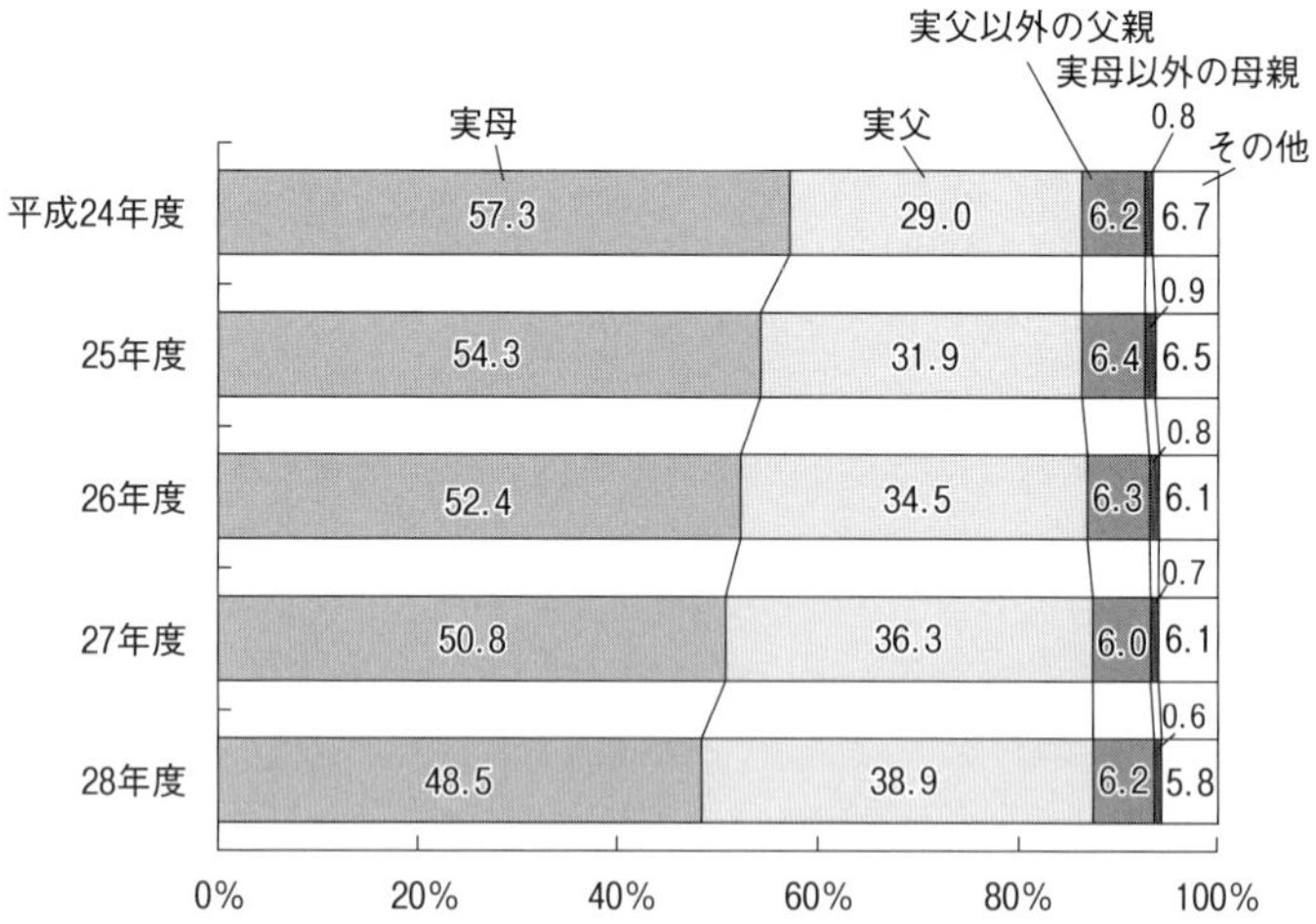

図 7-3　児童虐待相談における主な虐待者別構成割合の年次推移（厚生労働省「平成 28 年度福祉行政報告例の概況」より）

成二八年度で、八七・四％になります。

西澤（二〇一〇）によると、虐待は「親が子どもの存在あるいは子どもとの関係を「利用」して、自分の抱える心理・精神的問題を緩和・軽減する」という意味があり、親の自尊感情や自己評価を保障したり、親の支配欲求を満たしたりするために起こると述べています。このように親の側の問題も大きな原因と考えられます。一方、一般的に育てにくい子という言葉があるように、子育てに困難を感じる場合もあり、子どもの側にも要因があることがあります。また、虐待は親や子どもの問題だけではなく、家庭、社会全体の要因も複雑に影響しています。

親側の要因としては、経済的要因（貧困）、望まない妊娠、親自身が虐待を受けて育ってきた、子育てのストレスや孤立化などにより追い詰められることが指摘されています。一方、子ども側の要因としては、出生直後のさまざまな疾患、さまざまな障害の存在、親に対する態度などが指摘されていますが、これらは子どもにはなんの責任もありません。杉山（二〇一三）によると、子ども虐待の症例一一一〇件への調査の結果、被虐待児の約三割が自閉症スペクトラム（第9章6の項参照）と診断されており、近年、発達障害と虐待との関係は特に注目されています。

この本の理解の方法に従って考えるならば、虐待をするから悪い、というだけでは虐待の減少には寄与できないはずです。なぜ虐待に至ったのか、これまでの経緯や原因を考えていきます。たとえば、子育て期間に精神的に追いつめられた末の虐待ならば、虐待者を保護支援しなければなりません。

もし虐待の可能性に気づいたならば、具体的には、やはり早急に児童相談所など自分の地域の虐待を知らせる場所に通告をします（7参照）。連絡をするのは教員や一般市民の仕事ですが、その先の虐待の把握や対応、保護者の継続支援などは行政の該当部署が担当します。追いつめられた母親が虐待をしてしまう、というケースは多くあり、そのようなことを避けるために、子育て中の母親を支援するような社会システムの構築、たとえば区や市役所の月齢別のグループの集まりやママカフェ、赤ちゃん連れを受け入れる施設などが既に増加しているし、さらなる実現が求められるのです。いずれにしろ、早期発見が大切です。児童相談所全国共通ダイヤル〇五七〇－〇六四－〇〇〇や民間団体のオレンジリボン運動（https://www.orangeribbon.jp）をご存知でしょうか？　一人ひとりが自覚を持ち、虐待かなと思ったらすぐに電話をすることが大切です。

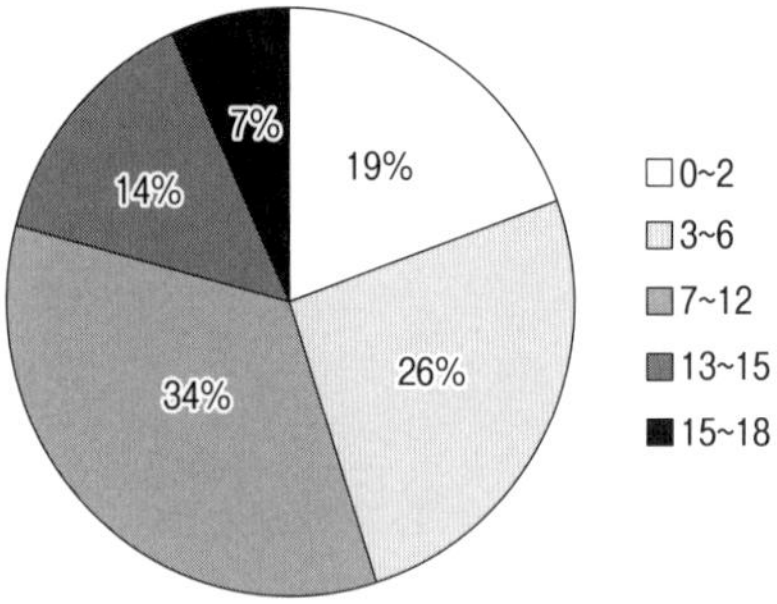

図 7-4　被虐待者年齢別構成割合（厚生労働省「平成 28 年度福祉行政報告例の概況」より筆者がグラフ化したもの）

5　被虐待者の年齢別構成

図７－４は被虐待者の年齢別の構成をグラフにしたものです。

被虐待者は乳幼児および児童が多いとはいえ、中高生が二一％を占めています。中高生の虐待としては、二〇〇四年岸和田市の中三男子生徒が父親と継母から虐待され続けていた事件や二〇一四年西東京市の中二男子生徒が継父から虐待された末に自殺をした事件が大きく報じられています。後者は教員が関わっていたにもかかわらず、通告をしていないと報じられています。身体が大きくなったら虐待されない、というのは思い込みです。これ以上発見を遅らせないために、どの段階でも周囲の大人がサインに気づいたら、即行動すべきなのです。

6 虐待された子どもの心理

虐待は子どもの身体とこころに大きな影響を与えます。特に小さい頃から虐待され続けている子どもたちは、自分の存在を肯定してもらう体験がなく育っています。そのために、外側から見ると、とてもおかしな対人関係を持ったり、びくびくしていじめられていたり、逆にものすごく乱暴だったりすることもあるのです。しかし共通して言えることは、虐待されているから助けて、と自分から声を上げることができないことです。特に中高生の虐待の例などが報道されると、「なぜ逃げなかったのか？」などとコメントする人を見かけますが、あまりにも見当違いです。その子どもたちは逃げられないのです。その理由はさまざまです。たとえば、逃げることすら思いつかない（助けてもらう体験がないので助けてもらうことを知らない）、助けを求めても何もしてもらえなかった、もう諦めてしまっている、逃げ損ねるともっとひどいことが待っているとわかっている、などさまざまな場合があります。

基本的な信頼感・安心感を持つことができない　本来保護者は、最も信頼でき、子どもの存在を肯定し擁護し愛情を注ぎ、養育してくれる存在です。その基本的信頼感を持つことができると、そこから他者との関係性を発展させていくことができます。しかし、存在を肯定されず、人との信頼感が育たないために、他者に助けを求めることなどを思い浮かべることすらできない場合が多いのです。

情緒的かかわりの欠如　乳幼児期からの発達課題を積み残したまま成長しています。安定した情緒的かかわりも経験せずにきているため、対人関係にもその影響が現れてしまいます。たとえば、常にびくびくして人の顔色をうかがったり、友達に親からされた攻撃的な行動をとってしまったりすることもあります。

低い自己評価　被虐待児は、「お前なんか生まれてこなきゃよかったんだ」という言葉や死ぬような暴力を受けることなどで、存在が否定され続けるために、自己評価が高まる機会がなく育ちます。低いというよりも、自己を否定されながら育つのです。そして、自分が悪いので虐待されると思い込み、自分の存在は無価値だと感じるようになります。

解離性同一症／解離性同一性障害（Dissociative Identity Disorder）　耐え難い苦痛を体験し続けることにより、こころが限界を迎え、その体験を否認したり、なかったことのように忘れてしまうという解離症状が出現したりします。解離性同一症と診断される場合もあります。

反応性アタッチメント障害（Reactive Attachment Disorder）、脱抑制型対人交流障害（Disinhibited Social Engagement Disorder）　同様に、こころが極度のストレスに耐え切れず、アタッチメント障害と診断されることもあります。たとえば、目を合わせない、不自然な愛着行動、不適切な感情表現、顔を背けながら養育者に近づく、近づいているのに目をそらす、自分の世界にこもり無反応になるなどの症状が現れます。逆に誰にでもためらいなく近づいたり、抱きついたりするものを脱抑制型対人交流障害と言います。

上記の結果、過剰適応的になったり、突然癇癪を起こしたり、暴力を振るったり、わざと人を怒らせるような行動を繰り返したり、無気力になったりします。近年は、脳科学の発展に伴い、被虐待児の前頭葉の減少も指摘されています。

心的外傷後ストレス障害（Post Traumatic Stress Disorder）　トラウマというのは、簡単に言うところの傷です（第10章参照）。そしてＰＴＳＤとは、このようなトラウマを経験した後に起こる睡眠障害、不安や怯え、怒りの発作や異常な興奮、抑うつ、過覚醒状態の継続などが特徴であり、時間が経過しても、「フラッシュバック」と言われる、体験をそのままに思い出す現象が起きたりします。被虐待児のなかにはＰＴＳＤと診断される人もいます。

7　学校での対応

観察・情報収集　前述のように、被虐待児が自ら助けを求めてくる可能性は低いと考える方が良いでしょう。また被虐待児は自分が悪いので虐待されると捉えており、かつ親のしている行為はいけないことだと知っているために発覚を恐れるのです。親に知られるとさらなる虐待を受けることもあるために言えないことも多くあります。

よって、学校には早期発見が期待され、チームによる観察が必要となります。対象は児童生徒のみではなく、保護者も入ります。一人では判断に迷ったり、客観性に欠ける場合もありますが、チームで多視点からの観察となると、見落としも少なくなります。

早期発見のための連携　学校内ではチームでの対応が原則です。少しでも疑いを感じた場合には、まず校長に報告し、複数観察を行うべきです。チームの構成員は担任、管理職、養護教員、関係教職員、スク

児童虐待の早期発見のためのチェックリスト（教育関係者用）

※　このチェックリストは、児童虐待を発見するためのポイントを示しています。児童虐待の早期発見のために活用してください。
※　このチェックリストは、あてはまる項目の多少によって虐待かどうかを判定するものではありません。
※　このチェックリストは、全ての子どもを対象に一律に点検するためのものでもありません。
※　それぞれの項目の中には、虐待による心因反応ではなく、障害やその他の要因によるものがありますので、チェックに当たっては十分注意することも大切です。

1　子どもの特徴

項　目		主　な　状　況
体や身なり・心の様子	□	顔や腕、足などにいくつもの傷やけが、やけどのあとがある。
	□	体重や身長の伸びが悪いなど、発育不良が見られる。
	□	食べ物への執着が強く、与えられるとむさぼるように食べる。
	□	季節にそぐわない服装をしていたり、衣服が破れたり、汚れたりしている。
	□	衣類を着替えるとき、異常な不安を見せる。
	□	こわがる、おびえる、急に態度を変える。
	□	表情が乏しく、受け答えが少ない。
	□	警戒心が強く音や振動に過剰に反応し、手を挙げただけで顔や頭をかばう。
保護者との関わり方	□	保護者の前では硬くなり、極端に恐れている。
	□	子どもと保護者の視線がほとんど合わない。
	□	不自然に子どもが保護者に密着している。
	□	保護者といるとおどおどし、落ちつきがない。
友だちとの関わり方	□	威圧的、攻撃的で乱暴な言葉遣いをする。
	□	落ちつきがなく、過度に乱暴だったり、弱い者に対して暴力をふるったりする。
	□	はげしいかんしゃくを起こしたり、かみついたりするなど攻撃的である。
	□	友だち関係がうまくつくれない。
	□	友だちに食べ物をねだることがよくある。
学習状況	□	理由のはっきりしない欠席・遅刻・早退が多い。
	□	忘れ物が多い。
	□	急激な学力低下をおこしている。
問題行動	□	下校時刻が過ぎても家に帰りたがらなかったり、家出を繰り返したりする。
	□	金銭の持ち出しや万引きなどの問題行動を繰り返す。
	□	小動物をいじめる。
	□	年齢に不相応な性的な興味・関心をもっている。

2　保護者の特徴

項　目		主　な　状　況
子どもとの関わり方	□	子どもに対して、ことあるごとに激しく叱ったり、ののしったりする。
	□	子どもを抱いたり、話しかけたりしない。
	□	子どもが病気でもあえて病院に連れて行かない。
学校との関わり方	□	欠席の理由がはっきりしなかったり、連絡がなかったりする。
	□	けがについての説明が不自然である。
	□	子どもに関して言っていることに一貫性がない。
	□	話し合いや面談を拒む。
	□	体罰や年齢不相応な教育などを、「しつけ」「家庭の教育方針」などと正当化する。
家族の状況	□	絶え間なくけんかがあったり、家族への暴力がある。
	□	必要な予防接種や健診を受けさせていない。
地域での状況	□	近所づきあいがほとんどない。

図 7-5　虐待のチェックリスト（京都府教育委員会作成）

ールカウンセラー、スクールソーシャルワーカーなど多職種による構成が良いでしょう。体育着や水着に着替える際の身体の様子、身体測定の数値、洋服や下着の清潔度、給食の食べ方、本人の様子、性格などを、複数の教員がさまざまな場面において短期間に集中して観察すると、虐待の早期発見が可能になります。

図7―5に京都府教育委員会が作成した児童虐待の早期発見のためのチェックリスト（教育関係者用）を示します。ここにはありませんが、下着、特に靴下の洗濯がされているかどうか、いつも同じものを

履いているかどうか（不潔な状態）などは簡単に確認することができます。

発見後の対応　教員には通告義務があります。とはいえ、教員は学校組織の一員ですから、一人の判断で通告はしません。チームの複数人で観察し、すぐに情報を共有し、虐待が判明した場合、学校として児童相談所などへの通告を行います。教員の役割は早期発見です。虐待かどうかの判断は通告を受けた行政側の仕事になるため、学校としては確証を得るために時間や労力を費やす必要はありません。通告する先、機関としては、市町村、都道府県の福祉事務所、児童相談所などがあげられます。

通告後の注意点　学校としては、通告が終着点ではありません。被虐待児たちが学校に在籍していることは虐待のあるなしにかかわらず変わらないからです。通告後も継続した見守りが必要です。他者からの指摘により、保護者が反応し、虐待がエスカレートすることも見られます。また、すぐに施設に保護されず、自宅で指導を受けながら生活を続けることも多く、この場合は特に学校での継続した観察・対応が必須となります。稀に被虐待児本人が施設入所を拒み、保護者との生活を望む場合もあるのですが、この際も、なぜ本人がそのように希望するのかという理由をしっかりと理解していくことが大切です。しかし現在の日本では、施設入所すると、転校を余儀なくされる場合もあります。

試し行動への理解と対応　被虐待児は、すでに記述したようにこころの発達に多大な影響を受けています。その特徴をよく理解し、対応していくことが大切です。すぐに信頼関係を築くことは難しく、大人である教員との距離がうまくとれなかったり、突然キレてしまったり、わざと怒らせるようなことをして試してくることもあります。その際は、落ち着いて、常に一定の距離感を保ち、一貫した対応をすることが大切です。学校は安全だということを信頼関係とともに教え、怒らせるようなことをしてきても、一方的に叱るのではなく、「急に腹が立ったのかな」などと質問することで被虐待児の行動を明確にし、自分を客観的に見ることができるように手助けすることが必要です。「ずいぶん怒っているね」「先生を怒らせたいのかな。でも先生はそれがわかるから怒らないよ」「叱られると安心？　でも他の安心な方法を一緒に探そうよ」などと行動の背景にある気持ちを言葉にしていきます。また感情的になっていろいろなことを話したり泣いたり笑ったりしているときは、それらを傾聴し、共に受け止めていきます。被虐待児に同情するがあまりに、すべてを受け入れようとする教員もいますが、それでは何をしても良いと許すことになってしまいます。これでは現実感が養われず、真の信頼関係の構築にはなりません。

学力の低下　幼い頃から学習をする環境になかったため、中高生になる頃には、学力低下が見られることが多く、そのために、自己評価がさらに低下したり、問題行動に巻き込まれて行くことも多くあります。このような二次的三次的なこころの被害を防ぐことも必要です。

8　事　例

本章の最後に事例を提示します。

【事例】　異様にお腹を空かせた小学校一年生男児

小学校一年生の担任のA先生は、自分のクラスの男児が給食の時間にガツガツと一心不乱に食べる様子が気になっていた。「朝ごはん食べてないのか?」と声をかけたが、まったく聞こえないようで、まるで飢えているかのようだ。身体も小さいし、もしかしたら食べさせてもらえていないのだろうか? ネグレクトか?という考えが頭によぎり、職員会議で自分の印象を報告した。すると、養護教員がはっとしたように、以下の発言をした。入学式翌日にその男児がふらっと保健室に入ってきて、黙って腕を見せてきたそうだ。古いあざがあり、その場で処置が必要ではなかったので「大丈夫だよ」と言って返したそうだ。ただ、黙って腕を見せてきた行為が気になり、そういえば目も合わせなかったことも思い出され、何もせずに返したことを後悔していたと述べた。

問：ここまで読んで、この男児をどう理解するかを考えてみましょう。

解説　保健室に行き、あざを見せたことがサインであろう。男児は無意識かもしれないが、初めて小学校という自分の所属する世界に入り、そこにいる大人に気づいてほしい、という気持ちがあったのだろう。理想としては養護教員が虐待の可能性に気がつくべきであった。しかし私たち人間は完璧ではないし、入学式後の学校は忙しく、ときに見落とすこともあるだろう。しかし、養護教員の記憶にはとどまっており、担任の話を聞いた際に適切に思い出すことができた。この事例のように、教員の連携により、虐待の発見の可能性が高くなる。

ではこのあとどうしたら良いかを考えてみよう。すでにこの章で学習したように、学校内で虐待の可能性のある児童を発見したならば、すぐ校長先生に報告をし、複数の教員で観察をする。体育着や水着に着替えるときなどの観察、体重測定の数値などの情報収集、もし兄弟姉妹がいるならば、その担任との保護者についての情報の交換など、を行えば、半日もかからず虐待かどうか判断できることが多い。そして校長先生が通告することが一般的な流れとなる。近所の住人の場合は、通告して役割が終わるが、学校教員の場合は、このあとも子どもたちとの関係が継続するので、ここからがむしろ腕の見せ所となることも学習した通りである。また、養護教員にとっては「身体の手当て」というものも、いわゆるこころのケアの一つになる。

【課題】

- 虐待の種類を述べなさい。
- 虐待かもしれないと気づいた後の学校内の対応について説明しなさい。

第8章　さまざまなトピックス

1　学級崩壊

(1) 今日の学級崩壊の実情

学級崩壊とは　学級崩壊の明確な定義はありませんが、日本において学級崩壊という言葉が使われ始めたのは一九九七年頃と言われています。文部省（現文部科学省）が平成一一年二月に研究委託をした「学級経営研究会」における平成一二年三月の最終報告によると、学級崩壊は、学級がうまく機能しない状態と考えられ、「子どもたちが教室内で勝手な行動をして教師の指導に従わず、授業が成立しないなど、集団教育という学校の機能が成立しない学級の状態が一定期間継続し、学級担任による通常の方法では問題解決ができない状態に立ち至っている場合」としています。

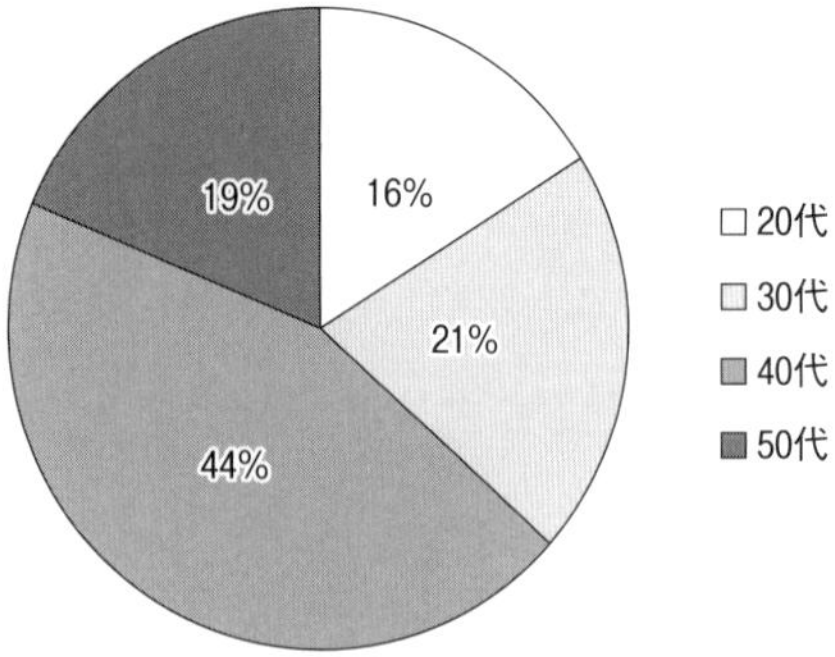

図 8-1　学級担任の年齢別人数（埼玉県教育委員会報告を筆者がグラフ化したもの）

文部科学省初等中等教育局児童生徒課の「児童生徒の問題行動・不登校等生徒指導上の諸課題に関する調査」には学級崩壊という文言は含まれていません。暴力行為（器物破損、対人暴力、生徒間暴力、対教師暴力）として示されているようです。そのためその全貌は不明です。

学級崩壊の概要　埼玉県教育委員会は以前から学級がうまく機能しない状態について調査研究を続けており、二〇一五年PDFを公開していますが、非常に役立つと思いますので、参考にしていただくとよいと思います（http://www.pref.saitama.lg.jp/f2209/documents/419854.pdf）。ここでは、小学校における調査において、学級がうまく機能しないと回答した一五〇学級のうち、担任の性別では女性一〇二名、男性四八名と、女性教員のほうが多い結果でした。学級担任の年齢別人数は図8－1の円グラフに示します。四〇代が多いですが、どの年代にもあるようです。

群馬県では教員の勤務年数による調査があり、（図8－2）こちらでは、新人教員のほうが高率です。

次に埼玉県教育委員会の、学級がうまく機能しないと答えた学年別の学級数を図8－3の円グラフに示します。

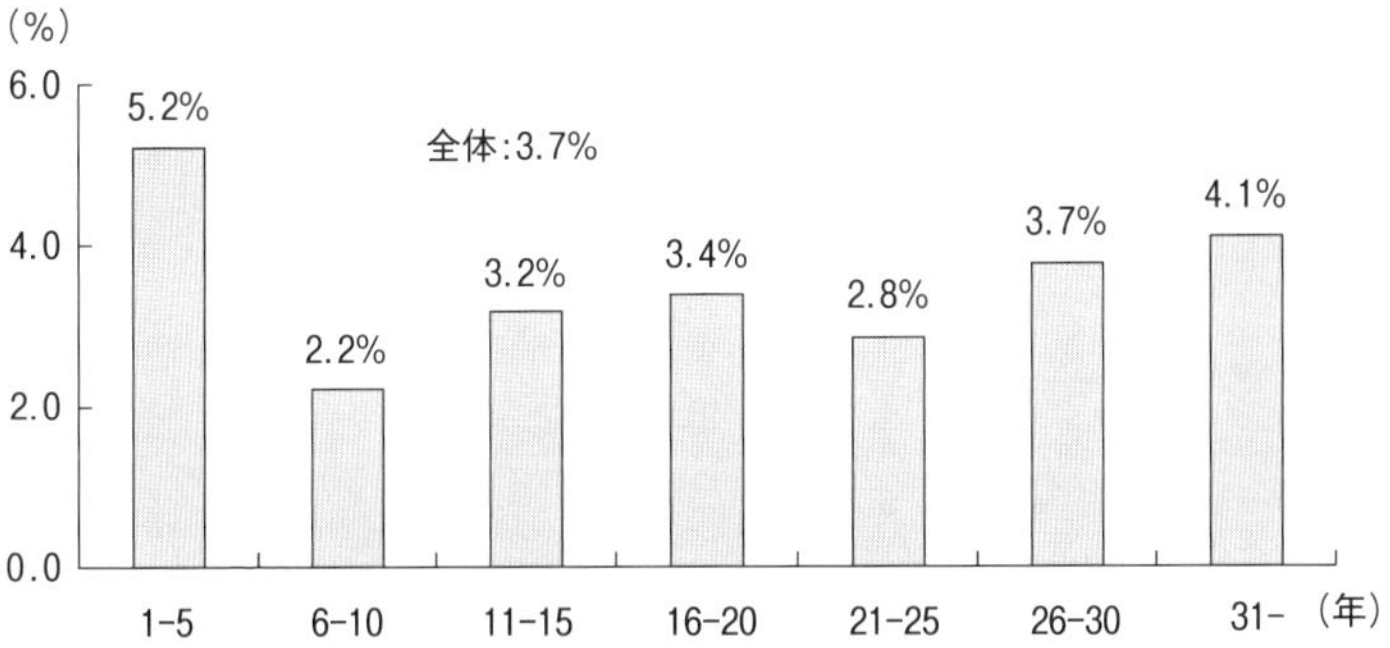

図 8-2　1 年間で学級崩壊を経験した教師の割合（教職経験年数ごと）
（須藤 2015 より引用）

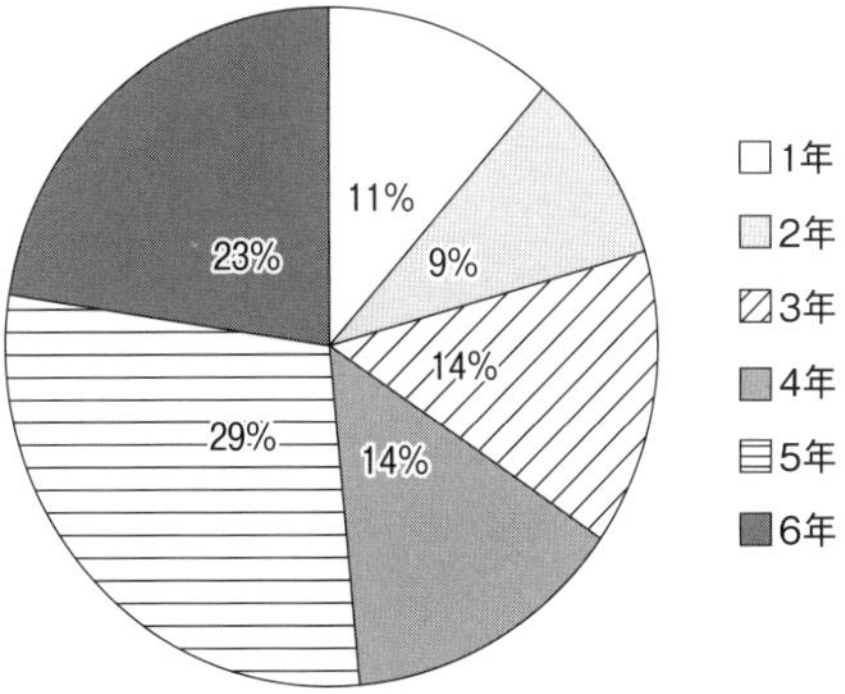

図 8-3　学年別の年齢別人数（埼玉県教育委員会報告を筆者がグラフ化したもの）

小一プロブレムと言われていますが、この調査では、高学年が五二%を占めています。

チェックリストや事例集　次に岡山県「学校の荒れ」対策検討チームのPDFのなかのチェックリストを引用します（図8－4）。

また、横浜市がいわゆる学級崩壊としてPDFとしてあげているものも参考になると思います（http://www.city.yokohama.lg.jp/kyoiku/kyoikukatei/jidoseito/pdf/jidouseito/13.pdf　二〇一八年二月一日最終アクセス）。

学級という考え方　これ

◎「学校の荒れ」につながる問題行動の兆候

教　室　内	教　室　外
児童生徒の様子	**児童生徒の様子**
□ 遅刻・早退が増える	□ 授業中にもかかわらず、教室に入っていない
□ 授業中の勝手な行動が目立つ	□ 集会等で整列ができなかったり、私語が多かったりする
□ ノートを取らず、私語や居眠りをする	□ 教職員や地域の方への言葉遣いが乱れる
□ 学習に不要な物を持ってくる	□ 教員の指導に反抗的になったり、トラブルになったりする
□ 友だちの言動を見下すような行為が目立つ	□ 登下校時等の児童生徒の様子について、地域からの苦情が増える
□ 服装や頭髪に乱れがある	
教室の様子	**学校内の様子**
□ 学習規律が保てない	□ 廊下やトイレ等で飲食や喫煙をした形跡がある
□ プリントや菓子等が床に落ちていたり、ごみ箱に捨てられたりしている	□ 校内にごみや唾を撒き散らした跡がある
□ 机や壁、ロッカー等に落書きがある	□ 廊下や手すり等に落書きがある
□ 掲示物へのいたずらや持ち物の紛失が続く	□ 下駄箱や自転車置き場でのいたずらや学校図書の紛失等が目立つ

図 8-4　「学校の荒れ」対策検討チームのチェックリスト（岡山県「学校の荒れ」対策検討チーム平成 24 年 PDF より http://www.pref.okayama.jp/uploaded/life/274670_951596_misc.pdf　2018 年 2 月 1 日最終アクセス）

まで何回かアメリカに住んだ経験がありますが、アメリカの高校では、日本と違い、生徒たちは自分の時間割を持っていて、時間ごとに教室を移動します。つまり学級がありません。五分間の休み時間に次の教室に移動し、科目によりますが、四学年の生徒が混合で授業を受けます。このような形態では学級崩壊は生じません。

この考え方を応用すると、学級崩壊が起きた場合、その学級だけでなんとかしようとせずに、学年で合同の授業形態を取る、少人数制として学級を再編成するなどの、学級をそっくり変革する方法が、効果がある場合もあるでしょう。

小学校における学級崩壊　小学校における学級崩壊は、低学年と高学年で中身が非常に異なることが特徴です。低学年では、小一プロブレムと言われますが、先生の話を聞かない、座っていられないなどの問題により、学級崩壊が起きると言われています。

すなわち、小学校低学年における学級崩壊は、先生のことが嫌いだから言われたことをしない、ということではありません。むしろ、学校生活や集団生活が理解できておらず、先生の話は黙って聞くとか授業中は自分の席に座って勉強をする、などということこれまでは当然と思えるようなことを知らない児童が増えているのです。

一方、小学校高学年から上の学年においては、教員への反抗的な態度から学級崩壊が起きることが多くなります。教員いじめ、と言われる様相をとることも出現します。たとえば、教員の指示をまったく聞かない、授業中に黙って教室から出て行く、配布されたプリントを破くなどの行動をとります。

発達課題でも学びましたが、子どもたちの分離が進み、友達関係が重視されるようになる小学校四年生くらいがもっとも学級が揺れるときです。ここで学年の先生方がしっかり連携を取り、保護者との信頼関係も構築されていると、高学年は安定した方向に進みます。

学級崩壊のタイプ　学級崩壊には馴れ合い型（二〇％）と反抗型（八〇％）があると言われています。馴れ合い型というのは、子どもたちと馴れ合いになることですが、単に友達レベル、というだけではなく、先生が中心に学級が運営されているところに特徴があります。チャイムがなると、「あ、休み時間だね。みんなでドッチボールをしよう！」と先生が声をかけ、皆が賛同する。一見学級はうまくいっているように見えるのですが、子どもの自主性は育たず、子どもたち同士の関係が育ちません。先生がいなくなると、一気に学級のまとまりがなくなり、方向性を失います。反抗型は、発達から考えても小学校高学年以降主流になります。先生が威圧的、指導的な態度（交流分析のＣＰ型）をとると、子どもたちがますます反抗するようになります。

馴れ合い型の場合は、子どもたちの決定や決断で学級が進むように、教員は見守るようにしていきます。反抗型の場合は、食ってかかられるとついますます威圧的指導的になってしまうのですが、これでは悪循環ですので、子どもたちの意見を聴く姿勢を見せ（実際に聴き）、何が不満なのかなどを理解して対応方法を考えます。

（2）原因

学級崩壊の原因は、教員の指導力不足、学校の対応の問題、子どもの生活や対人関係の変化、家庭や地域社会の教育力の低下などとされていますが、複合的です。教員側の問題としては、指導力不足や学級経営の問題、発達障害の子どもたちへの理解の不十分さなどがあげられています。また、学校組織としての対応の問題もあります。子どもの側の問題としては、生活や対人関係・コミュニケーション能力の変化があり、家庭や地域社会の教育力の低下、教育への協力体制の弱体化などが考えられています。

また、前の学年の担任の影響を受けることもあります。あまりにも威圧的な担任から解放された勢いで次の学年で学級崩壊をした現象を見たことがあります。次の学年の先生は保護者にも責められ、ひどく落ち込んでおられましたが、原因は前の学年の担任にありました。すべての事柄に言えることですが、何かが起きると慌ててしまい、その時点しか目に入らなくなってしまうのですが、流れで見ていくことがとても大切です。

（3）対処の方針

学級経営研究会最終報告では、「学級がうまく機能しない状況」に対処していくため、次の六つの視点を提示しています。

①状況をまずは受け止めること
②「困難さ」と丁寧に向き合うこと
③子ども観の捉え直し
④信頼関係づくりとコミュニケーションの充実
⑤教育と福祉、医療など境界を超える協力・連携
⑥考え工夫したり研修を充実するなど、考え試みる習慣と知恵の伝承

さらに、今後の取り組みのポイントとして、

①早期の実態把握と早期対応
②子どもの実態を踏まえた魅力ある学級づくり
③ＴＴ（チームティーチング）などの協力的な指導体制の確立と校内組織の活用
④保護者などとの緊密な連携と一体的な取り組み
⑤教育委員会や関係機関との積極的な連携

の五つをあげています。

（4）具体的な対応

学級崩壊も、他の問題同様、早期発見・早期対応が要であり、崩壊前に直ちに対応すべきです。学級は崩壊すると、あっという間にがらがらと崩れていきます。

校内体制づくり・一人で抱えない　教員は、自分の学級は自分が一番熟知しており、自分でなんとかしようと思いがちです。そのために、一人で抱えがちで、あまり人に相談しない傾向があります。しかし、学級崩壊は学級集団が対象となるため、一人の力で、集団の力動を変化させるのは困難です。学校では早目に学年主任や学年の教員に様子を伝えて相談し、チームを作り、複数で対応する支援体制を作ります。たとえば、ＴＴ（チームティーチング）などの教員が協力し合う指導体制なども取り入れます。

複数対応　先に述べたように個人ではなく学級集団が対象のため、教員側も複数で対応することが必要です。学年および学校組織でチームを作り取り組みます。早期の段階では、校長やベテラン教員が教室をのぞいたり、授業見学をするだけでも学級が静かになったりすることもあります。ＴＴも一つの学級に二人の先生が入るだけではなく、合同授業をしたり、学年を幾つかのグループに分けて複数の教員が担当するなど、さまざまな形で実施できます。また、チームのなかで役割分担をして、生徒指導的な役割の教員（ＣＰ型）、教育相談的な役割の教員（ＮＰ型）を決め、役割分担して子どもたちと関わると、うまくいくこともあります。

保護者との連携　学級崩壊は保護者の協力があるかないかでかなり解決のスピードや困難さに違いが出

てきます。保護者の協力はそれだけ大きな力となります。それまでの信頼関係が大切であることは言うまでもありませんが、緊急保護者会を開き、事態を伝え、保護者の意見をしっかり傾聴し、学校の方針を伝え、協力を依頼します。子どもたちが保護者にしか語らないこともあるでしょう。一方非協力的な保護者には、多くの子どもたちが傷ついていることや学習の遅れが生じていることなど、具体的な子どもの不利益も伝えると、保護者も重い腰を上げる場合があります。ボランティアなどの形で保護者の協力を求めることも効果的です。

指導的にならない　学級が崩壊しそうになると、教員は崩壊させないようにと気持ちが焦り、つい生徒指導的な態度で対応してしまいがちです。命令をしたり、禁止をしたり、怒鳴ってしまったりします。しかし、子どもの発達過程から考えても、上からの発言や指導（CP型）に対しては、反抗・反発を感じる時期です。指導的になればなるほど、ますます学級は崩壊していきます。一方小一プロブレムなどの場合は、ただ指導するだけでは萎縮し、学校嫌いになるなど、自己肯定感が低下してしまいます。集団への適応を強いるのではなく、一人ひとりを理解し、信頼関係を構築し、学校に来る意味や学級内での態度について一つ一つ丁寧に教えていくことが大切です。

学校組織としての信頼関係　教育相談の基本は、学校組織・教員組織の信頼関係の構築です。学級崩壊も同様で、全教職員が一貫した指導体制、指導方針を持つことが大切です。「あの先生だから崩壊した」などという教員批判をする組織は、学級崩壊の後に学校崩壊に進んでいく可能性が高いのです。

専門機関との連携　問題によっては、警察との協力体制も必要となる場合があります。早急に学校警察連携制度などを利用します。個別の問題を抱える子どもの場合、病院、教育相談所、児童相談所などの専門の機関と連携をすることも必要となることがあります。

2 性的マイノリティ（LGBT）

LGBTはレズビアン（Lesbian）、ゲイ（Gay）、バイセクシュアル（Bisexual）、トランスジェンダー（Transgender）の頭文字をとった性的マイノリティと言われる多様な性の在り方（セクシュアリティ）の総称です。

セクシュアリティは、「からだの性」「こころの性」「好きになる性」の三つの要素から考えられています。性同一性障害（Gender Identity Disorder：GID）はカラダの性とココロの性が一致しないことを言います。日本では調査によると七・六％、すなわち三〇人の学級に二～三人いるということになります。学校は、トイレ、更衣室、制服、体操着、水着、修学旅行の部屋割など、男と女という性別で分けられることが多い場所です。これからは、教員も性的マイノリティについて知識を持ち、現場で支援できるようになる必要があります。また、教員や教育実習生のなかにも性的マイノリティの人がいることもありますので、配慮することが必要でしょう。

文部科学省が二〇一五年（平成二七年）に「性同一性障害に係る児童生徒に対するきめ細かな対応の実施等について」というまとめを出しています。学校における支援体制については、「性同一性障害に係る児童生徒の支援は、最初に相談（入学等に当たって児童生徒の保護者からなされた相談を含む。）を受けた者だけで抱え込むことなく、組織的に取り組むことが重要であり、学校内外に「サポートチーム」を作り、「支援委

表 8-1　性同一性障害に係る児童生徒に対する学校における支援の事例

項目	学校における支援の事例
服装	自認する性別の制服・衣服や，体操着の着用を認める。
髪型	標準より長い髪型を一定の範囲で認める（戸籍上男性）。
更衣室	保健室・多目的トイレ等の利用を認める。
トイレ	職員トイレ・多目的トイレの利用を認める。
呼称の工夫	校内文書（通知表を含む。）を児童生徒が希望する呼称で記す。 自認する性別として名簿上扱う。
授業	体育又は保健体育において別メニューを設定する。
水泳	上半身が隠れる水着の着用を認める（戸籍上男性）。 補習として別日に実施，又はレポート提出で代替する。
運動部の活動	自認する性別に係る部活動への参加を認める。
修学旅行等	１人部屋の使用を認める。入浴時間をずらす。

（文部科学省：性同一性障害に係る児童生徒に対するきめ細やかな対応の実施等について　http://www.mext.go.jp/b_menu/houdou/27/04/1357468 より引用）

員会」（校内）やケース会議（校外）等を適時開催しながら対応を進めること」「教職員等の間における情報共有に当たっては、児童生徒が自身の性同一性を可能な限り秘匿しておきたい場合があること等に留意しつつ、一方で、学校として効果的な対応を進めるためには、教職員等の間で情報共有しチームで対応することは欠かせないことから、当事者である児童生徒やその保護者に対し、情報を共有する意図を十分に説明・相談し理解を得つつ、対応を進めること」と記されています。その他にも、医療機関との連携について、学校生活の各場面での支援について、卒業証明書等についてなどの項目があります。表８－１に、学校における支援の事例をまとめてありますので転載します。

この約一年後に、やはり文部科学省が教職員向けのPDFを出しておりますので、そちらも参照すると良いと思います。

私事ですが、二〇一七年一年間スタンフォード大学の客員教授としてカリフォルニア州に住んでおりましたが、性的マイノリティと言われる人たちは多く存在し、それがマイノリティとは強く感じない生活を送りました。レストランやショッピングモールなどのトイレも、公共の場では共用または unisex の表示がされています（図8-5の表示を参照）。女性・男性と表示されているお店は、逆に差別意識を持っている店と思われてしまいます。

しかし一方で、たとえばトイレに潜んで暴行やレイプが行われるなど、その制度を悪用する人たちもいます。また、トイレの中で男女が行き交うことに、不安感や落ち着かなさを感じる人たちもいます。本来トイレというのは、安心感やほっとできる場所でもあるので、今後工夫が必要になるのだと思います。

また、日本においても、二〇一五年東京都渋谷区が「パートナーシップ証明書」を日本で初めて発行しました。同年世田谷区もパートナーシップの「宣誓受領証」を発行し始めました。二〇一八年二月には福岡市が二〇一八年度からLGBTのカップルをパートナーとして公認する「パートナーシップ宣誓制度」を導入することを発表しています。戸籍上の性別を問わないということです。政令市では札幌に続き二市目だそうです。

図 8-5　unisex のトイレの表示

3　メンタルヘルス

(1) メンタルヘルスの意義

メンタルヘルスという言葉の意味は、広義には心の健康ということです。世界保健機関(WHO)の憲章における健康の定義は「健康とは、単に病気ではないあるいは弱っていないというだけではなく、肉体的にも、精神的にも、そして社会的にも、すべてが満たされた状態であること」と述べられています。そしてメンタルヘルスは、治療、回復だけではなく、予防や概念の啓蒙・推進を含みます。

労働安全衛生法が改正され、二〇一五年一二月から、労働者が五〇人以上いる事業所では、労働者に対するストレスチェックが義務付けられました。うつなどのメンタルヘルスの不調を未然に防ぐことが目的です。家庭にいる主婦などはここに含まれないので、定期的な健康診断を受けることが必要になりますが、ストレスチェックを自分でやってみることも非常に有効です。メンタルヘルスで大切なことの一つは、セルフチェック、自己管理でもあるからです。

厚生労働省のこころの耳に、セルフチェックがいくつかありますので、是非ご自身のストレスをチェックして指標にしてみてください(参考:5分でできる職場のストレスセルフチェック http://kokoro.mhlw.go.jp/check/)。

(2) うつ

うつと一言でいっても、単極性うつ病(うつのみ)、双極性うつ病(躁とうつ)、何か具体的なきっかけがある心因性うつ病などさまざまなタイプがあります。

症状としては、落ち込み、だるさ、集中力低下、やる気の低下、食欲低下、性欲低下などさまざまなものが低下します。また朝が一番気持ちが重く、夕方になるにつれ少し回復します（日内変動）。自殺率が高いことも特徴です。初期の症状としては、それまで楽しかったことが楽しめない、楽しみや喜びを感じないなどがサインとなります。うつになりやすい性格傾向としては、真面目、几帳面、完全主義があります。そのために、できたことよりも、できなかったことを悔やむ傾向があり、落ち込みやすくなるのです。治療としては、薬物療法、心理療法（カウンセリング）が一般的です。また仕事などは休職し、しっかり休むことが大切です。そして、少し回復してきたと思っても、まだまだ本調子ではありません。この時期に自殺が多くなるのですが、周囲も本人も急がず、引き続き治療を続けることが必要です。

（3）教員のメンタルヘルス

教員のメンタルヘルスの現状　教員という職業は、教員免許を取得するために、大学時代あるいはそれ以前から準備をする職業です。それにもかかわらず、早期の離職率が高いのです。また、現場の先生方のなかには非常に疲労・疲弊されておられる方を多く見かけます。昨今、教員の負担軽減のために、部活動が見直されています。地域の競技団体やスポーツクラブ等との連携などを盛り込んだ運用指針をスポーツ庁がまとめました。児童生徒により良い教育を提供するためにも、個人ではなく、学校、社会が教員のメンタルヘルス対策に積極的に取り組むべきです。

図８－６に教員の精神疾患および精神疾患以外の病気休職者数の推移を示しました。近年少し低下していますが、増加傾向であることがわかると思います。

文部科学省が平成二四年に発表した教員のメンタルヘルスの現状によると、精神疾患を理由とした離職

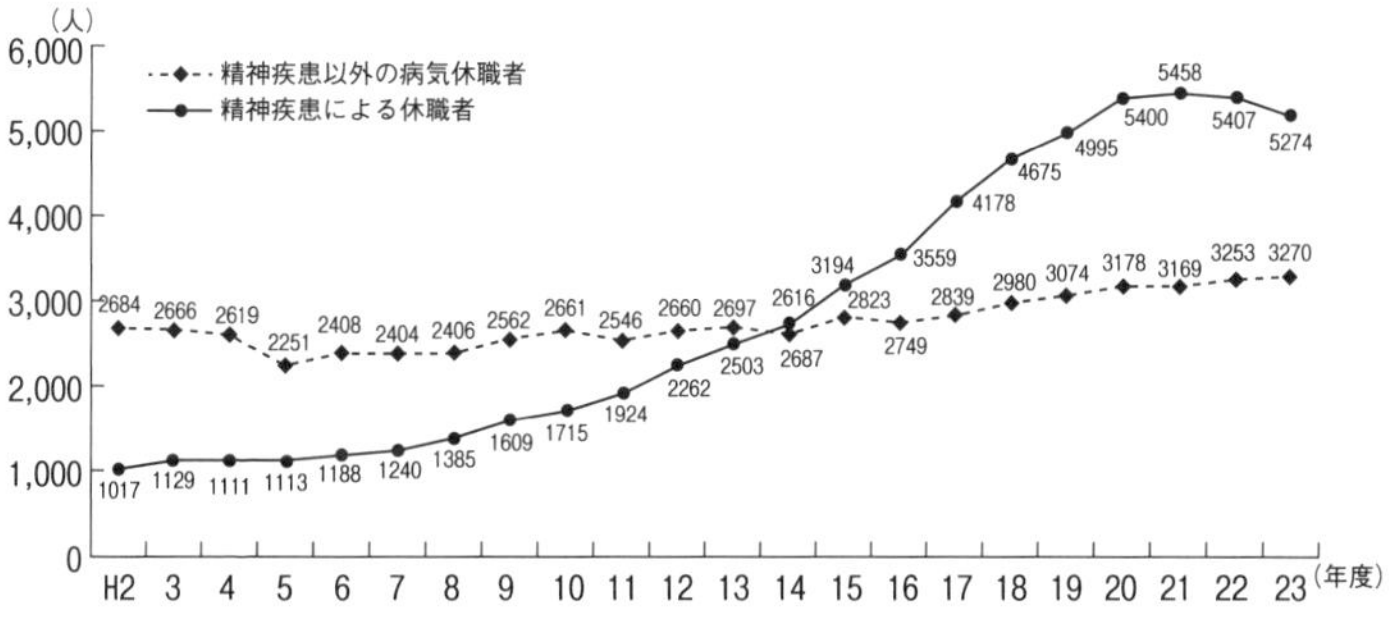

図 8-6　精神疾患および精神疾患以外の病気休職者数の推移

教員は、病気を理由とした離職教員の約六割とのことです。また、図8－7に示したように、一般企業労働者との比較では、疲労度がかなり強いという結果が出ています。さらに、仕事や職業生活におけるストレスを相談できる上司や同僚は、一般企業労働者より圧倒的に低くなっています（図8－8）。これは学校という職場が狭い世界であることや、自分の学級は自分の問題だと一人で抱えがちな教員像が関係しているように推察できます。

教職員のメンタルヘルス不調の背景等　教職員のメンタルヘルス不調の背景等については、校長、教頭、一般の教員でそれぞれ理由等も違うとされていますが、一般の教員について、文部科学省が理由としたことをまとめました。

①業務量の増加及び業務の質の困難化として、勤務時間、業務量の増加、業務の質の困難化、業務改善に対する認識の違いがあげられています。

②教職員の業務の特徴等として、管理職の少なさ、属人的対応が多く、個人で抱え込みやすい性質があるとともに、教職員が一人で対応するケースが多くなる傾向があること、対人援助職のために、成果を実感しづらい場合が多いこと、教員は同僚の教員に対して意見等を言いにくいこ

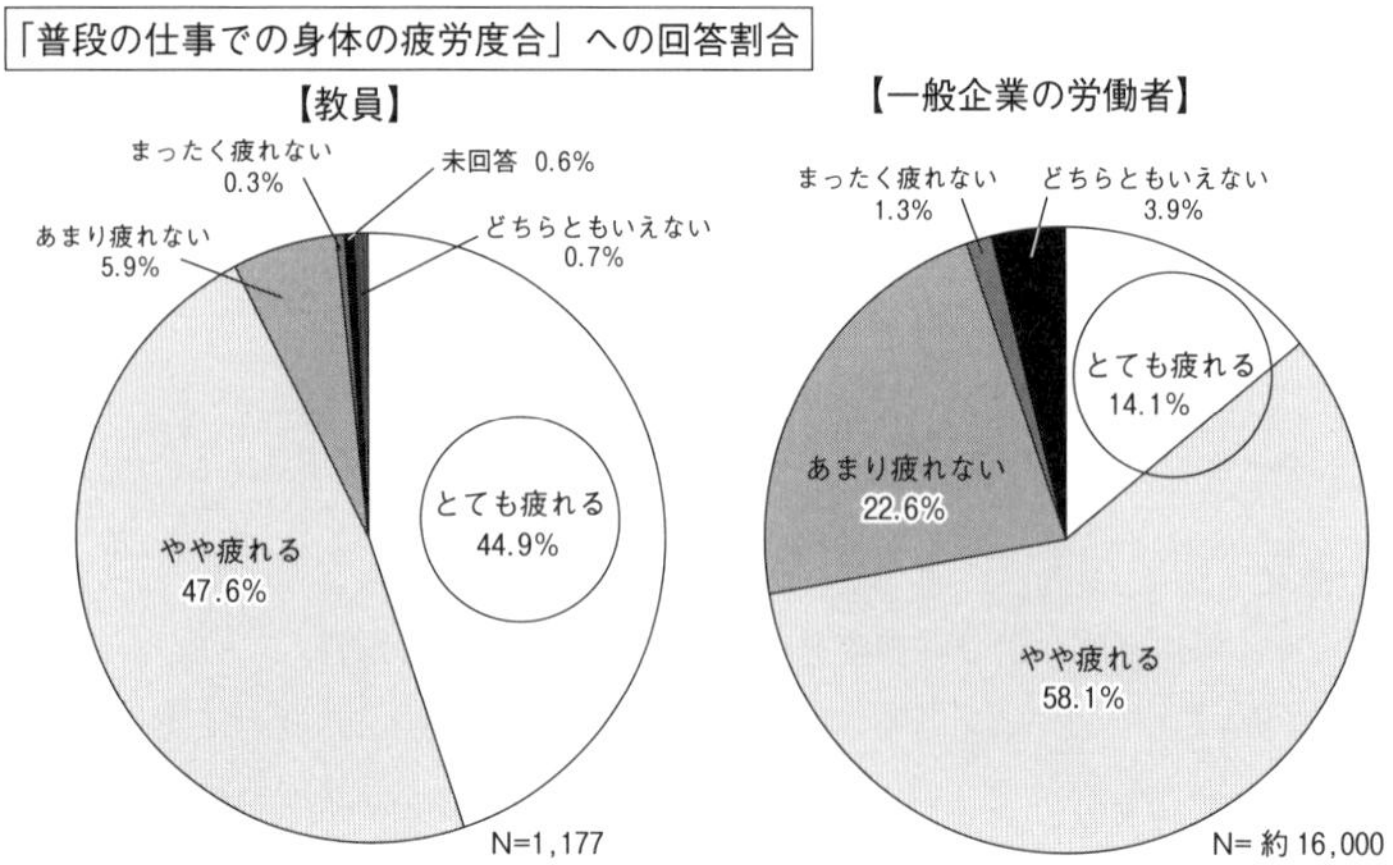

図 8-7　教員の疲労度（教員のメンタルヘルスの現状　文部科学省　平成 24 年 3 月より引用）

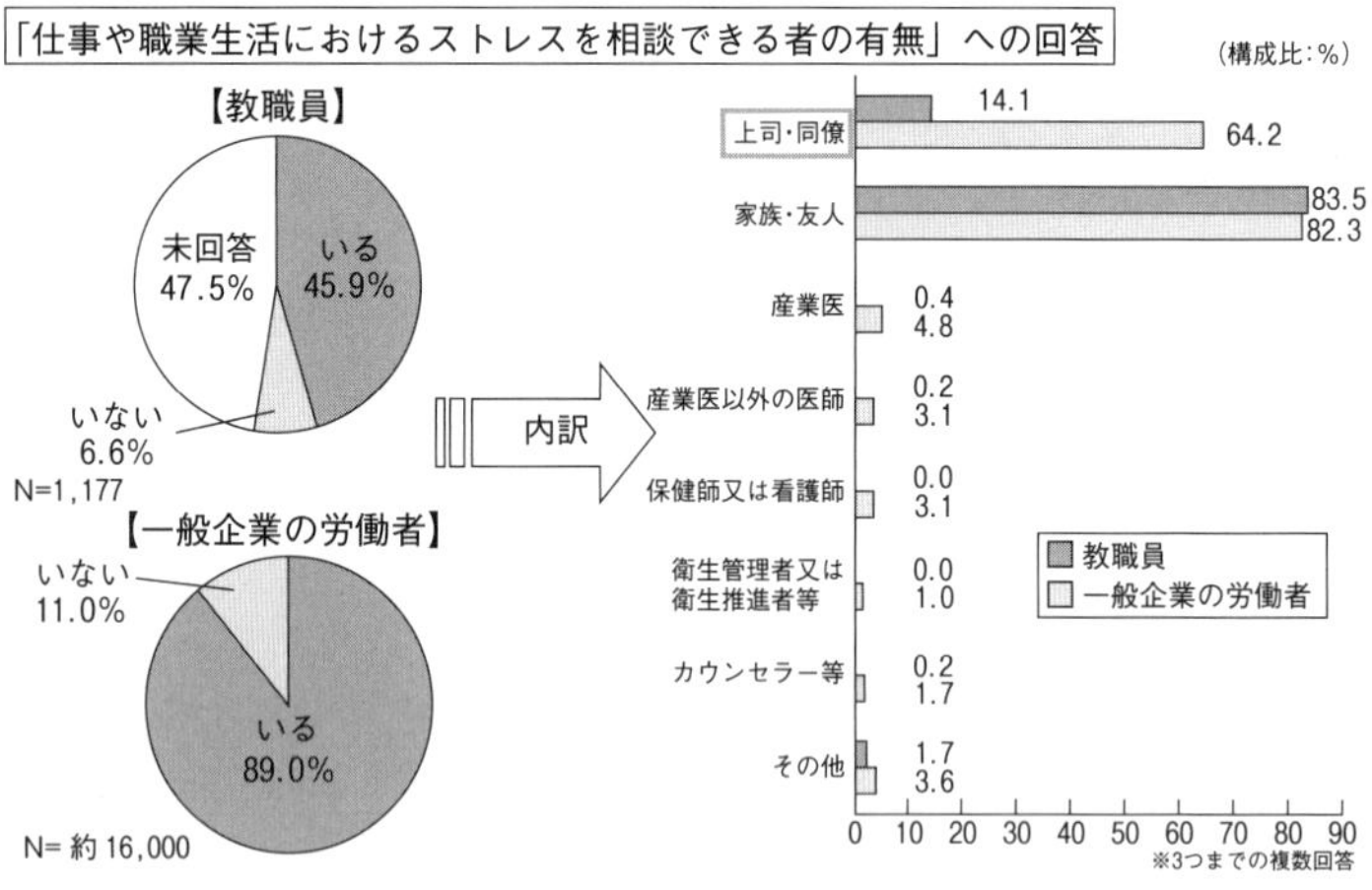

図 8-8　仕事や職業生活におけるストレスを相談できる者の有無（同前）

とがあり、言いたいことが言えない雰囲気、上司や同僚が相談を受けた場合に、相談者のメンタルヘルスを考えるよりも、仕事の仕方についてのアドバイスが中心になる傾向があり、そのためにさらに負担になる、ことが特徴的と言えそうです。

③教職員のメンタルヘルスの不調の要因として、職位別の要因が述べられていますが、その次に異動等の心理的負荷、学校規模毎の特徴があげられています。

予防的取組　メンタルヘルスで一番大切なことは、予防（プライマリケア）です。まずは職場環境の改善、自己管理を心がけ、ストレスの少ない日常生活を目指します。その後、サインと同様、自分や同僚の異変を早期に発見することが大切です。予防的取組は、表8-2にまとめられています。学校現場は先に述べたように管理職が少ないため、ラインによるケアが手薄になる可能性があることを意識して対応すべきです。

復職支援　東京都では、公益社団法人東京都教職員互助会が三楽病院の中にあり、教職員専門の相談を行っています。始まりは、大正八年に東京府の協力を得て教職員の有志で組織されたそうです。参考文献にのせてある中島先生はこちらの元部長です。また、二〇一五年からは公立学校共済組合関東中央病院の中に、メンタルヘルスセンターが設立され、復職（リワーク）も含めて教員の相談にのっていますので、是非利用されることをお勧めします。

精神疾患により病気休職となった者に対する復職支援として、復職プログラムを実施している都道府県市は平成二三年度で九五・五%となっており、取り組みの増加が見えます。「教職員のメンタルヘルス対策について（最終まとめ）」では、復職支援について、病気休暇取得から職場復帰まで主な対応について、表

表 8-2　予防的取組

教職員本人
【セルフケアの促進】
○自らを客観視し，安定した気持ちで仕事ができるようメンタルヘルスの自己管理に努力
○自分自身のストレスに気づき，これに対処する知識や方法の習慣化
○メンタルヘルスに不安を感じる際は，早めに周囲の産業医や精神科医等に相談
校長等
【セルフケアの促進】
○教職員がメンタルヘルスについての知識やストレスへの対処行動を身につける機会を充実
○教職員の家族等を対象とした相談窓口を周知し，家族の方から見た健康チェックリストを活用
【ラインによるケアの充実】
○日常的に教職員の状況を把握し，速やかな初期対応が重要
○校務分掌を適切に行い，小集団のラインによるケアの充実
○校長による副校長・教頭，主幹教諭等への適切なバックアップ
○保護者との関わりへの迅速な対応や困難な事案に対する適切なサポート
【業務の縮減・効率化等】
○教職員の業務を点検・評価し，積極的に業務縮減・効率化
【相談体制等の充実】
○定期面談の実施等あらゆる機会を通じた教職員との対話
○教育委員会等が用意している相談体制を把握し，教職員に周知し活用を奨励
【良好な職場環境・雰囲気の醸成】
○労働安全衛生管理体制の整備，実効性のある取組
○「開かれた」学校，校長室，職員室にすることで，風通しの良い職場づくり
○職場内の問題を職場で解決する円滑なコミュニケーション
教育委員会
【セルフケアの促進】
○個人情報保護に配慮した上で，ストレスチェックを活用
○産業医，嘱託精神科医等を活用した相談体制を整えるとともに，校長等と適切に連携し，必要に応じて業務上のサポート
【ラインによるケアの充実】
○復職時の基礎知識やカウンセリングマインドを身につける校長等を対象とした研修の充実
○主幹教諭等の配置等，ラインによるケアを行うための体制整備・充実
○学校では十分な対応が困難な事案に対する迅速なサポート，校長のバックアップを充実
【業務の縮減・効率化等】
○学校の職場環境，業務内容・方法の点検・評価，業務縮減・効率化
【相談体制等の充実】
○相談窓口の設置や病院等を指定した相談体制の整備・充実
○スクールカウンセラー，退職校長等の専門家の活用
【良好な職場環境・雰囲気の醸成】
○産業医配置等の労働安全衛生管理体制の整備，実効性のある取組
○教育委員会専属の産業医や嘱託精神科医等を配置し，当該医師等に学校現場の実情を理解してもらうことにより実効性を確保

(教職員のメンタルヘルス対策検討会議「教職員のメンタルヘルス対策について(最終まとめ)」平成 25 年 3 月より引用)

表 8-3　復職支援における対応

病気休暇取得から職場復帰までの主な対応

病気休暇（多くの地方公共団体において最長 90 日，一部自治体では最長 180 日）取得・休職（最長 3 年）発令

↓

校長等による状況把握
- 病気休暇承認を本人に伝える際，定期的に連絡を取る予定であること，主治医や家族とも連携したいこと等について，予め本人の了解を得る
- 休暇・休職期間中，本人の状況等を定期的に確認
- 本人が治療に専念できるよう代替措置等の校内体制を整備
- 予め主治医に職場や職務について理解を得ておくなど連携

本人から復職希望の申出

↓

主治医から復職可の診断を受け，復職希望の申出
- 校長が本人に復職プログラムに関する制度等を十分説明
- 主治医の意見書を踏まえ，産業医や嘱託精神科医等の医師が本人と面談して，教育委員会が校長等の意見も踏まえ，プログラム実施の可否を判断（実施する場合には，具体的に配慮すべき点も判断）

復職プログラムの作成・承認

↓

休職期間中の試し出勤等の復職準備の取組
- 復職プログラムは，概ね次の段階を経ることが望ましい
  第 1 段階：通勤し職場に慣れる
  第 2 段階：仕事の内容に慣れる
  第 3 段階：復職に向けた具体的な準備
- 段階毎の具体的なプログラム内容，求められる水準を明確化
- 休職期間中に実施することを踏まえた十分な配慮

復職プログラムの実施　約 1 ヶ月以上（できれば 2 ～ 3 ヶ月）

↓

復職プログラム実施中の経過観察
- 校長が主治医，産業医，嘱託精神科医等と連携しつつ，本人と段階的な目標を共有し，確認しながらプログラムを実施
- 校長が他の教職員等の理解を得ながら，全校的なフォローアップ体制を整備
- 変更や中止が必要な場合は主治医とも連携し判断

復職可否の判断 → **休職等継続**

↓

復職の可否について職場として慎重に判断
- プログラム作成時に想定した段階毎に求められる水準に照らし，本人の快復状況，プログラムの実施状況，校長やその他の教職員，主治医，産業医，嘱託精神科医等の意見を踏まえ，能力を見極めた上で，教育委員会において慎重に判断
- 教員の場合，授業を滞りなく行えるか見極めることが重要
- 復職の時期や勤務場所についても十分考慮

復職

復職後の適切なフォローアップ
- 日頃からメンタルヘルスに理解のある職場づくり
- 主治医，産業医，嘱託精神科医等とも連携しつつ，校長が本人と勤務軽減解除に向けた段階的な目標を共有し，確認しながら必要な支援を行う
- 校長が復職後の業務を適切に配慮し，経過を観察
- 周りの教職員が本人に対し普段どおりに接することが大切
- 復職した教職員を支援するため，代替教員の任期延長も含めた支援策を検討

（同前）

8−3にまとめています。教職員のみならず、労働者には休職し、復職する権利があります。うつの説明で述べたように、心身の不調に早期に気づき、しっかり休んで、段階を踏んで復職してほしいと思います。

第9章　発達障害、発達に偏りのある子どもたち

1　障害のある子どもたちと向き合うときの注意点

ここまで解説してきたことと、少し頭と耳のチャンネルを変えて学習してほしいのがこの章です。ここまでは、サインに気づき、なぜサインが出現したのかを考えていく、それが理解につながると書いてきました。しかし、発達障害などの障害のある子どもたちの場合は、その理解の方法は少し異なってくるのです。なぜならば、行動として現れてくることは症状でもあるからです。たとえば、多動性障害／注意欠如・多動症（ＡＤＨＤ）の子どもはじっと座っているのが苦手で歩き回ったりします。歩き回ることはサインではありますが、この場合は、歩き回ることがＡＤＨＤの特徴の一つであることを知っていることが理解の第一歩になるのです。すなわち、障害の正しい知識を持つことが理解の第一歩になります。そして、

正しい知識を基に理解し、注意するのではなく、褒める関わりに転ずることがポイントです。すなわち、障害のある子どもたちが受けやすい二次的三次的なこころの傷が生じないように関わります。たとえば、先の例の歩き回る子どもが毎回「授業中は座っていなさい」と注意されているとしましょう。実際無理な要求ですし、本人は注意されたことだけが記憶に残ります。すなわち自己評価も下がります。本人が動き回るならば、プリント配布係にしたり、グループで発表させるなど、授業に動きを取り入れればいいのです。そうすれば動いてよいうえに、配布してくれてありがとう、と褒められ、自己肯定感や自己評価が高まります。障害のある子どもの場合は、このような工夫が必要になるのです。障害の正しい知識を持ち、知識に基づく工夫を取り入れることにより、褒める関わり・褒める教育に転じ、自己評価を高める、ということがこの章で学ぶことです。

以前、都内の児童精神科に学生を連れてうかがった際に、教員の陥りやすい間違いについて講義を受けました。教員が注意すべき点は、歩き回るからADHDだ、目があわないからASD（自閉スペクトラム症）だ、という捉え方をしがちだということでした。読者の皆様はどう思われますか？

歩き回るからADHDかもしれない、ならまだ許容範囲です。では、歩き回る子どもにはどんな理由があるでしょうか？　授業がつまらないのかもしれない、トイレに行きたいのかもしれない、気持ちが落ち着かないのかもしれないなどたくさんの可能性があります。その一つがADHDかもしれないということです。

では、語順を逆にして、ADHDだから歩き回る、ASDだから目が合わない、というのはどうでしょうか。こちらの捉え方は正しいのです。

本来、特別支援教育というならば、聴覚障害・視覚障害・精神遅滞など他の障害も取り上げるべきですが、私自身の専門家としての経験などから、この本では、発達障害を取り上げました。ただ、障害のある子どもを持つ保護者の心理は共通している部分もあるので、参考にしていただければと思います。

2　発達障害とは

(1) 診断名がつくかどうか

発達障害と一括りにされることが多いですが、一人ひとりがまったく違うことに変わりはありません。またADHDやASDという診断名がついているかいないかにこだわる人を見かけますが、教育においては診断がついているかどうかは、そんなに重要なことではありません。なぜならば、診断名はその子を表すすべてではないからです。人は、何か「これだ」という形を求めたがります。不明確なことは不安を生じさせるからです。発達障害だ、というとわかったような気がして安心するのです。しかし、これは本人の理解とは程遠い、自分だけの安心感にすぎません。一方、社会的な意味では、診断がつくと障害者手帳をもらうなど、診断名が大きな影響を持つ側面もあります。

教育においては、グレーゾーンという言葉もあるように、診断がついていなくて、通常学級にいるけれども、発達に偏りのある子どもがおり、教員はどちらかというと特別支援学級の子どもたちというよりも、その子たちの対応・支援に困っているようです。ここでは診断名に沿って解説をしますが、診断がついていなくても、ここに書いてある工夫をしてみたら、とてもその子の適応が良くなったり、楽になったりするならば、是非その工夫を利用してみてください。

（2）発達の偏りの評価

身体機能、知覚機能、認知機能、言語など神経学的評価などを総合して評価をしていきます。

多動性・衝動性・不注意　後述するＡＤＨＤの中核症状ではありますが、発達に偏りのある子どもたち全般に見られます。

視覚・認知機能の障害　「見る」だけではなく、対象を素早く／ゆっくり追うなども難しい場合がありま す。また、「見えて」いても、他の人たちと見え方が少し違ってしまったり、目と手が協応しなかったりして、たとえば文字や図形の模写を行うと、顕著に現れることがあります。鏡文字になったり、漢字の偏《へん》と旁《つくり》が逆になったりすることも多く見られます。

手先の巧緻性　ボタンをとめる、はさみで切るなどの協調運動が苦手です。学校のなかでは、縄跳びや鍵盤ハーモニカ、リコーダーなどは非常に難しい協調運動です。もっと難しいのは跳び箱です。実際に跳び箱を飛ぶ手順を考えてみてください。さまざまな運動機能が組み合わさっていることがわかると思います。

感覚統合　さまざまな経路から入ってくる感覚を、整理したり統合したりする脳の働きに問題があることが多いです。その結果、たとえば、身体のバランスが悪かったり、目の前のことと違うことが目に入ってきてしまったりします。

（3）通常学級に在籍する発達障害の可能性のある子どもたち

二〇一二年（平成二四年）に、文部科学省が行った全国調査で、「通常学級に在籍する発達障害の可能性のある特別な教育的支援を必要とする児童生徒に関する調査結果について」という報告があります（http://www.mext.go.jp/a_menu/shotou/tokubetu/material/__icsFiles/afieldfile/2012/12/10/1328729_01.pdf）。小中学校の通常学級に在籍する児童生徒のうち、学習面または行動面で著しい困難を示し、特別な配慮が必要な割合は六・五％となっています。特別支援教室に在籍する数も考えあわせると、およそ一〇％、一割の子どもたちが特別な配慮を必要としているのです。

（4）親の育て方のせいではない

今でこそ少なくなりましたが、発達障害という言葉がマスコミなどで出始めた頃は、親のしつけが悪いから歩き回るとか、母親が仕事をしているから発達障害になった、などという誤解がありました。しかし、福島の原発の事故後に、事故と避難生活のせいで福島の子に発達障害が増えたなどという講演をしている医師を見かけました。まったくの間違いです。遺伝は関係していますが、育て方により発達障害になることはありません。また、むしろ親の育て方に影響を与えると言われています。たとえば、第2章で学んだ発達課題や分離がありましたが、発達障害の子どもは、母親が目の前からいなくなっても後追いをして泣くこともないのに、遊んでいた風車を取り上げられると大泣きしたりします。他の子どもたちは、お母さんの後追いをし、お母さんを見つけるとほっとする、すなわち母親の存在をしっかりと認識しているのに、わが子は知らんぷりです。このような状況を目の当たりにした母親は、自信を失い、自分を責めるようになります。「母親として失格なのか?」「妊娠中に夫と喧嘩したからかな?」など、いろいろ考えてしまうのです。そこに周囲から育て方のせいだなどという無責任な発言をあびせられると、母親の精神状態は悪化するばかりです。もし教員や周囲の人が正しい知識を持っていれば、悩む母親に、そうではない、と教えることができます。

3　特別支援と合理的配慮

二〇〇七年（平成一九年）から日本では、かつての特殊教育から特別支援教育という体制を導入し始めました。それまでは学習指導要領により定められたカリキュラムを一斉指導するという考え方でした。しかし特別支援は、一人ひとりの子どものニーズにあわせた支援計画を立てることが主旨ですから、かなりの変化があり、教員には大きな転換を強いる結果となりました。教員の負担は非常に増えたといえるでしょう。特別支援教育についての研修はもとより、急に担任になっても、現場と知識が一致するまでは多大な努力が必要でした。また当初は担任一人に任されるような状況が続いていたので、一人の子どもが教室から出て行ってしまったとき、その子を追いかけると教室が教員不在になるなどの問題も生じました。現在は学校全体で取り組み、支援員などの導入が進んでいるので、解決した問題も多くあります。特別支援教育の理念および実践を指導し、一人の負担が増大しないように体制を整えていく努力は今後も必要と思われます。

文部科学省は共生社会の形成のなかで、インクルーシブ教育*について、「インクルーシブ教育システムにおいては、同じ場で共に学ぶことを追求するとともに、個別の教育的ニーズのある幼児児童生徒に対して、自立と社会参加を見据えて、その時点で教育的ニーズに最も的確に応える指導を提供できる、多様で柔軟な仕組みを整備することが重要である。小・中学校における通常の学級、通級による指導、特別支援学級、特別支援学校といった、連続性のある「多様な学びの場」を用意しておくことが必要である。」としています。かつての特殊教育で行われたように、別の教室を用意するのではなく、障害のある子どもも他の子どもたちと同じ教室で授業に参加することを言います。しかしここに時々勘違いがありますが、同じ教室で同じカリキュラムをするのではありません。同じ教室で、個別のカリキュラムを行うのです。

＊厳密には inclusive education（総合教育）と inclusion education（包括教育）とは異なります。

合理的配慮は、障害の有無を問わず、すべての子どもが同じ場にいながら個々の特性に応じて最適な配慮を受けることです。二〇〇六年国連で採択された「障害者の権利に関する条約」の第二条に定義されており、日本では文部科学省が以下のように定義しています。

1．障害者の権利に関する条約における「合理的配慮」

(1) 障害者の権利に関する条約「第二十四条　教育」においては、教育についての障害者の権利を認め、この権利を差別なしに、かつ、機会の均等を基礎として実現するため、障害者を包容する教育制度（inclusive education system）等を確保することとし、その権利の実現に当たり確保するものの一つとして、「個人に必要とされる合理的配慮が提供されること。」を位置付けている。

(2) 同条約「第二条　定義」においては、「合理的配慮」とは、「障害者が他の者と平等にすべての人権及び基本的自由を享有し、又は行使することを確保するための必要かつ適当な変更及び調整であって、特定の場合において必要とされるものであり、かつ、均衡を失した又は過度の負担を課さないものをいう。」と定義されている。

別紙の合理的配慮の例は以下の通りです。

1．共通

- バリアフリー・ユニバーサルデザインの観点を踏まえた障害の状態に応じた適切な施設整備
- 障害の状態に応じた身体活動スペースや遊具・運動器具等の確保
- 障害の状態に応じた専門性を有する教員等の配置
- 移動や日常生活の介助及び学習面を支援する人材の配置
- 障害の状態を踏まえた指導の方法等について指導・助言する理学療法士、作業療法士、言語聴覚士及び心理学の専門家等の確保
- 点字、手話、デジタル教材等のコミュニケーション手段を確保
- 一人一人の状態に応じた教材等の確保（デジタル教材、ＩＣＴ機器等の利用）
- 障害の状態に応じた教科における配慮（例えば、視覚障害の図工・美術、聴覚障害の音楽、肢体不自由の体育等）

2．視覚障害

・教室での拡大読書器や書見台の利用、十分な光源の確保と調整（弱視）
・音声信号、点字ブロック等の安全設備の敷設（学校内・通学路とも）
・障害物を取り除いた安全な環境の整備（例えば、廊下に物を置かないなど）
・教科書、教材、図書等の拡大版及び点字版の確保

3．聴覚障害
・FM式補聴器などの補聴環境の整備
・教材用ビデオ等への字幕挿入

4．知的障害
・生活能力や職業能力を育むための生活訓練室や日常生活用具、作業室等の確保
・漢字の読みなどに対する補完的な対応

5．肢体不自由
・医療的ケアが必要な児童生徒がいる場合の部屋や設備の確保
・医療的支援体制（医療機関との連携、指導医、看護師の配置等）の整備
・車いす・ストレッチャー等を使用できる施設設備の確保
・障害の状態に応じた給食の提供

6．病弱・身体虚弱

- 個別学習や情緒安定のための小部屋等の確保
- 車いす・ストレッチャー等を使用できる施設設備の確保
- 入院、定期受診等により授業に参加できなかった期間の学習内容の補完
- 学校で医療的ケアを必要とする子どものための看護師の配置
- 障害の状態に応じた給食の提供

7．言語障害

- スピーチについての配慮（構音障害等により発音が不明瞭な場合）

8．情緒障害

- 個別学習や情緒安定のための小部屋等の確保
- 対人関係の状態に対する配慮（選択性かん黙や自信喪失などにより人前では話せない場合など）

9．LD、ADHD、自閉症等の発達障害

- 個別指導のためのコンピュータ、デジタル教材、小部屋等の確保
- クールダウンするための小部屋等の確保

・口頭による指導だけでなく、板書、メモ等による情報掲示

（文部科学省ＨＰより引用、http://www.mext.go.jp/b_menu/shingi/chukyo/chukyo3/044/attach/1297380.htm、http://www.mext.go.jp/b_menu/shingi/chukyo/chukyo3/044/attach/1297377.htm）

4　守秘義務

これは教育相談すべてに共通していることですが、教員にも守秘義務があります。特に、診断名などを保護者から伝えらえた場合、校長に話す際も保護者に許可を得ます。保護者が必死の思いでわが子の障害を先生に伝える、という信頼をきちんと受け止めましょう。学級やその保護者に診断名を伝えるかどうかは、きちんと保護者と相談をします。

なかには積極的に話して欲しいという保護者もおられます。しかし保護者は予測していないかもしれませんが、一つの学級に話すということは、その兄弟姉妹、噂などでほとんどの人が知るところとなります。話すことのメリットデメリットを共に検討し、その学校や対人関係のなかで最良の選択をします。

5　注意欠如・多動症（Attention-Deficit Hyperactivity Disorder：ADHD）

注意欠如・多動症（Attention-Deficit Hyperactivity Disorder）は、多動性、衝動性、不注意を三大特徴とす

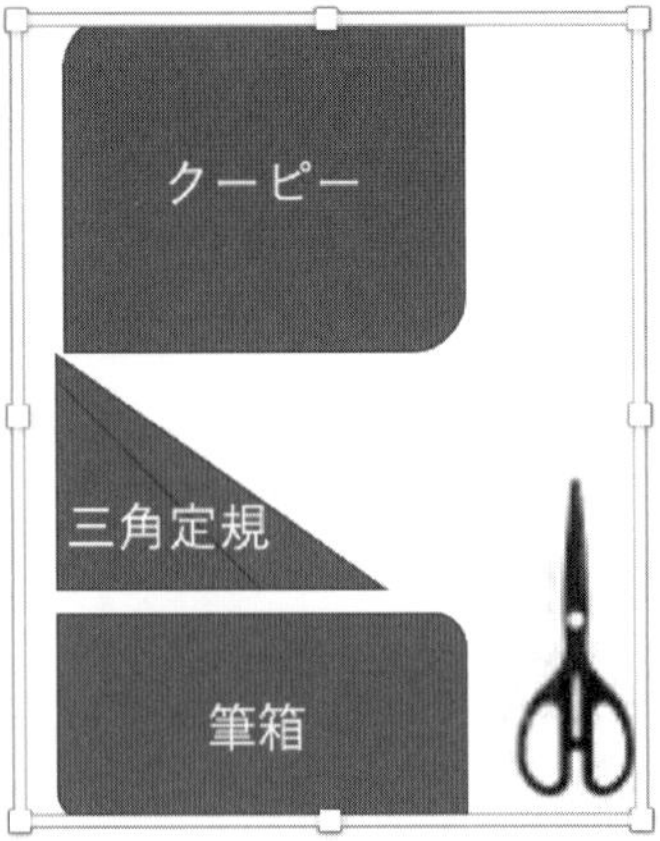

図 9-1　机の引き出しの道具箱の例

る発達障害です。大体が小学校入学前に、生活のなかで明らかになります。その六割が学習症を併せ持つという調査報告もあります。学校場面では、教室から出て行く、先生の発問と同時に発言する、隣の席の子にちょっかいを出すなどの行動が問題になります。また整理整頓がとても苦手ですので、たとえば机の中に置く道具箱の底に配置図を書いておき、そこに重ねて置く（図9-1を参照）、持ってきた荷物を全部入れる箱を一つ用意する（なるべくよく見えるように表面積が広くて、高さの低い箱）などの工夫も効果的です。成人になると、多動性が少し落ち着いてくるために表面化しにくくはなりますが、衝動性や不注意は持続することが多いと言われています。会社などに勤務する際に、人の話を聞いていない、うっかりミスが多く不真面目だなどと誤解されることもあります。ただ、後述するＡＳＤと比較すると、子どもっぽいなどと周囲から受け入れてもらいやすい側面が多いとも言えます。

では、ＡＤＨＤの一つの特徴である不注意の事例について考えてみましょう。事例を読み、「忘れ物はしないように」などという無意味な指導ではなく、自己評価を高めるような工夫を考えてみてください。

【事例】 ADHDによく見られる忘れ物の多さへの指導

小学校一年生のAくんは、翌日の準備をするのが苦手で、一生懸命用意をするがいつも忘れ物をしてしまう。今日も図工で使うクレヨンを忘れてしまった。

工夫 母親に連絡をして、これまでの様子を情報提供してもらう。教室では、特別に用意するものは、黒板の左側に書いておくことにした。その後持ち物ノートを作成し、板書されたものを担任とメモし、自宅では母親がそのノートを見ながら、時間割も確認して一緒に用意をすることにした。さらに、教室に貸し出し箱を作り、鉛筆・消しゴム・ハサミ・クレヨンなど必要なものを揃え、借りる人は必ず自分の名前を書いて借り、返したときにチェックをするという表を作成した。さらに、友達に借りたいときは「貸して」と言い、返すときは「ありがとう」というというソーシャルスキルの指導もした。

結果 Aくんの忘れ物は格段に減少し、先生や母親からも褒められ、教室でもAくんの忘れ物は話題にもならなくなった。さらに、他の児童も忘れ物をするので、貸し出し箱を利用することがあり、貸し借りのルールを学ぶことができた。

ここに書いた工夫はほんの一例です。ご自身の工夫がたくさん考えられたでしょうか？　このように、障害のためにどうしても起きてしまうことについては、こちらが工夫をすることにより、子どもが達成感を感じることができ、自己肯定感や自己評価を高めることができます。その際、家庭との連携は不可欠です。小学校入学時からこのような連携を始め、卒業までに少しずつ自分でできるように、たとえば母親が揃えてあげるのではなく、自分で揃えるなど、段階的に支援方法を変化させます。ただ、進歩することが目的ではありませんので、無理をする必要はありません。

6　自閉スペクトラム症（Autism Spectrum Disorder：ASD）

イギリスのローナ・ウィングが提唱した考え方で、自閉症状をスペクトラムで捉える、（光のスペシウムなのですが）色の濃淡で、薄いところは症状が軽度、濃いところは症状が重度というように、自閉症を一つのつながりのなかで考えるようになりました。自閉スペクトラム症と正常との間には明確な境界はなく、連続的に正常に移行すると考えられています。以前はアスペルガー症候群と言われていましたが、軽度の自閉症状で知的障害を伴なわない群が発達障害に入ります。

特徴としては、対人社会性の質的な障害、言語コミュニケーションの質的障害、強いこだわりという三大特徴があります。具体的には、アイコンタクトがない、双方向コミュニケーションが難しい、興味の偏りが著しくこだわりがある、独自の決め事があり執着する、感覚系の異常（過敏／鈍感）、運動が苦手などがあげられます。

ＡＤＨＤより早期から周囲が異変に気づきます。学校場面では、自分なりのルールを変更することが難しく、たとえば学校の門から教室まで通る道が決まっていたり、急な時間割変更に対応できないなどがあります。また、友達関係において、変わったもの、たとえばプラグばかりを集めるなどの収集癖があると、変なものばかり持っていると思われたり、カードゲームのような友達とシェアしたり自慢しあったりする側面のある遊びでは、自分のお気に入りのカードばかりを収集し、誰にも触らせないなどという態度をとるため、周囲は驚いたりもします。

思春期頃までにある程度改善することもありますが、会社の勤務などは対人関係もあるために難しいことがあり、融通がきかない、変わり者だなどといじめにあったり、否定的な評価をされることが多くなりがちです。一方、非常に高い能力もあるために、研究者やソフトの開発などで成功することもあります。

次に、ＡＳＤによく見られる、思ったことをすぐ口にしてしまうという事例を考えてみましょう。

【事例】　思ったことをすぐ口に出すＡＳＤの子ども

小学四年生のＢさん。休み時間に友達が昨日のテレビの話で盛り上がっている。Ｂさんは最初「たぶん昨日のテレビ？」と思ったが、皆が盛り上がれば盛り上がるほど何がなんだかわからなくなってきた。友達の話し声はわーっと雑音のようになり、つまらないので話している子の顔を見ていたら、鼻が低いなと思った。そこに「Ｂちゃんは？」と聞かれたので、「鼻が低いね」と言ったら、皆が冷たくなってしまった。

解説　ASDの子どもたちは、人の気持ちがわからない面もあるが、小学校中学年以降くらいから、皆が早口でおしゃべりするようになると会話が雑音にしか聞こえなくなってしまうこともよくある。名前を呼んで、ゆっくり話しかけるとわかるが、次々に会話がはずむとわからなくなり、緊張したり、Bさんのように自分の世界に入ってしまったりする。

工夫　いずれの指導もBさんを特定して行うのではなく、教室のルールとして指導する。この事例の場合は、四年生のため、発達とともに子どもたちもグループ化し、意地悪になったり、悪い言葉を使いたがるので、学級にも効果的である。「話しかけるときは、相手が驚くかもしれないので、名前を呼んでからにしよう」「人が嫌な気持ちになる言葉は言わないようにしよう」。その際に、それらのルールを教室に掲示しておくとさらに効果的である。もしBさんが「鼻が低い」と言ってしまっても、皆でそのポスターを指さして「Bちゃん」と言えば、はっとしてやめることができ、教員がその行動を褒めることができる。

7　限局性学習症（Specific Learning Disorder：SLD）

読み・書き・計算など、ある特定の領域（複数の場合もある）の学力の獲得がうまくいかない状態を言います。国語の教科書の音読でうまく文字をたどることができない、漢字のテストではいつも枠からはみ出す、偏《へん》と旁《つくり》が逆になる。算数では、かけ算はスラスラ言えるのに、テストになると急にできない、文章問題になるとまったく手がつかない、などという状態です。不勉強が原因ではありません。
次に、ＳＬＤによく見られる、模写の事例を考えてみましょう。

【事例】　模写のできない小学校三年生

上の図形と同じ図形を下のマスに書いてください（模写）という課題がどうしてもできない。

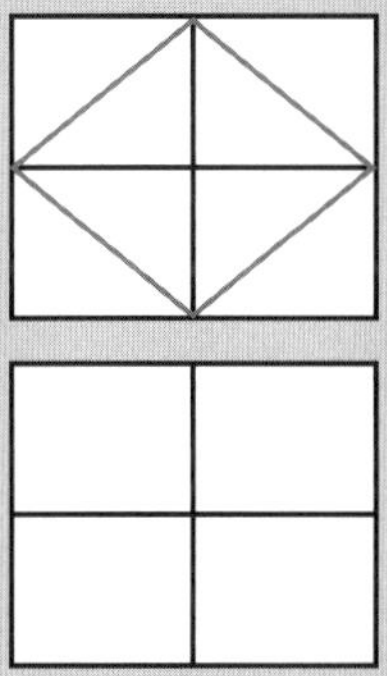

ＳＬＤの子どもたちは、長方形の模写はできるのに、斜めの線が入ると急にできなくなったりします。

工夫　頂点に印をつけたり、色をつけるとそれを目安に書くことができる。マスに色をつけ、目安にする。あらかじめ点線を入れておく。

8　教室でできる工夫のまとめ

目標は、自己評価・自己肯定感を高める関わり・教育に転ずることでした。そのために、教室でできる工夫をまとめておきます。実践するためにはそれぞれの障害の特徴を、各自復習してください。

①口頭での指示のみでなく、板書する。
②標語などはポスターとして掲示する。
③気になるものを目に入るところに置かない。例：水槽などは教室の後へ。
④座席の場所を工夫する。
⑤机の引き出しや、棚の整理をしやすくする。
⑥授業に動きを取り入れる。
⑦思い切り動く時間、思い切り一人になれる時間などを一日のうちに設ける。

など

9　保護者の心理

（1）保護者との出会い

『光とともに…――自閉症児を抱えて――』という戸部けいこ氏（秋田書店）の漫画をお読みになったことがあるでしょうか？　テレビでドラマ化もされたそうです。光という主人公の成長とともに描かれているので、自閉症の子どもをもつ母親の気持ちを深く理解することができます。

障害のある子どもを持つ保護者に会う際は、まずは保護者がこれまで子育てしてきた経緯を教えてもらう、その子の特徴を教えてもらう、というところから始まると思います。

保護者のこれまでの子育ての苦労を労う、ということを見かけることもあるのですが、私はそれは少し違うと思うのです。どんな苦労があっても、共に生きてきて、発見や喜びもたくさんあったはずです。「障害があって大変でしたね」というのは、正しくもありますが、それが全部ではないと思うのです。

そして、障害や発達の偏りのある子どもたちのことを一番よく知っているのは保護者です。たとえば、身体接触でパニックを起こすという情報を提供されていれば、教室で安易に肩を叩いたりすることを控えることができます。パニックを起こしたときに、少し一人にすると落ち着くと情報提供されていれば、一人になれる場所を作っておくことができます。このような小さな日常生活での本人の特徴を教えてもらい、学校生活に取り入れます。そして学校であったことを家庭にもフィードバックし、情報交換ができるようになると、一貫した対応をすることも可能になります。

（2）保護者の心理

小さいうちは、保護者というものは、子どもの苦手を克服させたいと思うものです。幼稚園、学校に入ったのだから、と幼稚園や学校で苦手を克服させようと思う傾向があります。たとえば嫌いな食べ物をお弁当に入れ、好き嫌いをお弁当で克服させようと思う保護者は多いものです。子どもにしてみれば、新しい世界の適応を強いられるなかで、嫌いなものが入っていたのでは、苦しいだけです。むしろ、大好きなものを入れて、お弁当の時間が楽しくなるように保護者はするべきなのですが、学校への期待が高まります。

また、保護者のなかには、中学高校になっても、自分の子どもの障害や発達の偏りに気がついていない場合もあります。また、気がついているがゆえに、頑なにそれを認めないこともあります。また極端に学校との接触を望まない場合もあります。いずれにしてもこれが保護者のサインですので、現実的なことで押し問答するよりも、なぜ保護者はそういう気持ちになっているのだろうかということを考えます。以前、教員などから心ない言葉を投げかけられたのかもしれません。障害を強く恐れ、認めたくないのかもしれません。理解してからアプローチすることはここでも非常に大切です。

それと同時に、保護者はできることを重視し、できないことを軽視する傾向があります。特にＡＳＤの子どもは勉強ができることが多いのです。受験勉強などにはまると、非常に高い知能で次々と難問を解き、保護者は驚き喜び、結果として良い学校に進学することを希望します。その際には良い就職も望んでいます。少しくらい対人関係が悪くても、勉強ができるからと思い、対人関係を軽視します。しかし、実際に中学受験、高校受験、大学受験に合格した後に待っているのは対人関係です。入学した途端に、不登校になってしまう何人もの子どもたちに出会いました。大学生になると、三年からのゼミや実験などの少人数でのグループワークになると、急に学校に行くことができなくなる学生もいます。勉強ができるので親は良い学校に進学することを希望し、それが良い就職につながると信じているのですが、それほどスムーズではありません。

これらは一般的な保護者の心理と共通しています。ただ障害や発達の偏りがあると、保護者はその子の将来に対してより強い不安や心配を抱くものです。人生の見通しが立てられるように、主治医をはじめとした医療関係者、同じタイプの子どもを持つ家族の会、インターネットを介した情報などが保護者を支えるうえで必要です。学校においては、担任を含め、校長、副校長、教頭、学年主任、スクールカウンセラー、スクールソーシャルワーカーなどのチームで継続的に支援していくことが必要です。幼稚園（保育園）から小学校、小学校から中学校というように、学校を越えた教員の申し送りも非常に有用と考えます。

（3）どう伝えるべきか

教員の場合、診断名を伝えることはありませんが、学校での不適応といえるような行動について保護者と相談しなければならない局面に出会います。不用意に「学校の様子を見ているとＡＤＨＤだと思います。一度病院に行ってもらえますか？」と発言したことで、それまでの信頼関係をぶち壊してしまったケースも、教員からの相談に複数例ありました。

保護者は学校の先生から、わが子についてコメントされること自体が不愉快でもあります。まして「障害があるのではないか？」と言われれば立腹されるのは当然です。

その先生の言葉に耳を傾けるかどうかは、先生がわが子のことをどのくらい理解し、どのくらい信頼のおける人かということにまずかかってきます。きちんと理解していない人から障害だなどと言われたら普通は怒ります。まず、その子どもの得意な面、長所も理解しており、その反面こういうところで時々教室のなかで困っている様子を見かけます、というように話します。「ご家庭ではそういうことがありますか？もしあればどのような時で、どのようにご家族が対応しておられるのかも教えてください。学校でも実践してみたいと思います」というように、保護者・家庭と連携して、今後の学校生活を送る上で、協力体制を作りたいということを伝えることが大切です。

＊障がい、障碍などの表記があるが、この本ではもともとの診断基準で用いられていた障害という表記を用いた。

【課題】

・ＡＤＨＤ、ＡＳＤ、ＳＬＤの特徴を述べなさい。

第10章　こころの傷

第1章で学んだように、こころは目に見えませんが、人はさまざまな方法でこころを表現しています。この章では、そのこころが傷ついたときに生じるこころの反応を勉強します。その後、言葉以外の媒体によるこころの表現について学びましょう。

1　こころの傷（トラウマ、心的外傷）

トラウマ、心的外傷後ストレス障害（Posttraumatic Stress Disorder：PTSD）という単語も一般的に使用されるようになっていますが、私たちのこころはさまざまな出来事を体験することにより、傷つきます。たとえば、肉親を失ったとき、ペットを失ったとき、災害などで自分の家がなくなったとき、それまでの環境を失ったとき、すなわちこころの傷には「喪失」が深く関係しています。それまであったものがなくなったとき、それは具体的な対象である場合もありますが、たとえば環境や健康などという、その人に関係することを失う場合も含まれます。

一方、強い衝撃を受けた場合もこころは強く傷つきます。これは災害、事件や事故など、具体的に何かを目撃・体験する場合です。第5章で学習した虐待、レイプなどももちろん大きなこころの傷となります。地震や津波、川の氾濫などのために被災した場合、火事や交通事故などの被害にあった場合、それらを目撃した場合、テレビなどを通して災害や事故を見ている場合も含みます。

学校場面では、肉親・友人・教員の喪失（転校・転勤も含まれる）、災害による被災、登下校の列に車が突っ込んでくるなどの事故、不審者の侵入、部活中に突然心肺停止などで友人が亡くなるなど、たくさんのこころが傷つく場面があります。

ＰＴＳＤという名前は、一九八〇年にアメリカ精神医学会によるDSM-IIIという診断基準が解説してある本に初めて記載されました。戦争から帰還した兵隊が、うつ状態になったり、情緒不安定になったり、フラッシュバックが起きたり、突然街中で匍匐《ほふく》前進を始めたり、などという現象がなぜ起きるのかという研究の末、戦争場面でさまざまなことを目撃体験したこと、その後の罪悪感などが明らかになり、強い体験があるとこころも強く反応してくるということが説明されました。

一方、精神分析の創始者であるフロイトは一九世紀後半にこころの傷について言及しています。私は、人は誰であれ、生きていれば必ずこころが傷つく体験（今でいうトラウマ体験）を経験すると考えています。

私はスタンフォード大学にいる際に、National Center for PTSD（https://www.ptsd.va.gov）というところで研究をしていました。このセンターはVeterans Affairs Hospitalという、退役軍人のための病院のなかにあります。そのセンターでは、トラウマの原因となるようなことを以下のことと説明しています。

①戦闘やその他の戦争体験
②性的または身体的暴行
③親しい人の暴力的または偶発的な死や怪我
④子供の性的または身体的虐待
⑤ひどい車の衝突事故などの深刻な事故
⑥火事、竜巻、ハリケーン、洪水や地震などの自然災害
⑦テロ攻撃

2 さまざまな反応

(1) こころの反応

前述のような出来事を体験し、こころが傷つくと、表10－1のような症状が出現します。これらの反応を知っていると、それらはこころの傷つきから現れたものだと理解することができます。さらに、そのような反応をしている人に、これはこころが傷ついたから生じているのだと説明することができます。しかし、それぞれの人によって、体験の仕方が異なり、症状や反応も異なります。

一般的に、こころの反応が出現しても、適切な環境にいると、だんだん落ち着いてきます。PTSDは、上記の症状が約一か月以上継続し、それにより社会生活などの困難が生じた場合につく診断名です。四週

表 10-1　こころの反応

身体	不眠，食欲不振，動悸，息苦しさ，腹痛，頭痛など
精神	以前よりも否定的な考え方になる，以前楽しかったことへの興味を失う，誰も信用できないと思う，イライラしやすい，怒りっぽい，情緒不安定，そのことを思い出してしまう，それが起きたのは自分のせいだと罪悪感を感じる　など
行動	飲酒，たばこ，夫婦喧嘩，子どもを叱る，人を避ける，同じことばかり繰り返し語る　など
回避	その体験を思い出させる場所や人を避ける　など
フラッシュバック	良くない考えが浮かぶ，あたかも同じ体験が再現するようなリアルな感覚や恐怖感を感じる，悪夢がある，きっかけがあると蘇る　など
過覚醒	興奮・緊張が続く，いつも危険に直面していると感じる　など

(National center for PTSD の PTSD booklet を中心に筆者が簡単に訳してまとめたもの)

間以内の場合は、急性ストレス障害（Acute Stress Disorder）と診断され、これはＰＴＳＤとは異なります。

（2）災害体験による影響

次に災害体験による人への影響を身体面、精神面、認知面、社会生活・行動面に分類した表10－2を示します。

これらも適切な環境にいると、徐々に落ち着いてきます。

（3）安心と安全

心理的回復のキーワードは安心と安全です。現状を理解したり、情報を得る、他者とつながるなど、こころや身体で感じるのが安心です。衣食住や経済的支援、健康管理などは安全につながります。

（4）心理的ファーストエイド（Psychological First Aid：ＰＦＡ）

これらのトラウマ反応に対して、こころが傷ついた直

表 10-2　災害体験による影響

身体	頭痛，腹痛，発熱，下痢，嘔吐，不眠，身体の痛み，食欲不振，手足の震え，動悸，倦怠感など
精神	ショック，感情麻痺，何度もその場面が蘇ってくる，感情を回避する，興奮，悲嘆反応（信じられない気持ち），解離など
認知	世の中全体への安全に対する不信感，自分は弱い・無力だ，二度と幸せにはなれないなど
社会生活・行動	無口，孤立，ひきこもり，不登校，暴力，攻撃的，アルコールやタバコに依存，スマホやゲームに没頭など

後から行うケアをファーストエイドと言います。表10－3にNational Center for PTSDのマニュアルから、ＰＦＡの活動のポイントを筆者が訳してまとめたものを示します（マニュアル本体は以下のＵＲＬから読むことができます。https://www.ptsd.va.gov/professional/materials/manuals/psych-first-aid.asp）。

兵庫こころのケアセンターがこのＰＦＡマニュアルを全文和訳されているので、こちらを参照すると深く勉強することができます（http://www.j-hits.org/psychological/index.html）。

わかりやすいパンフレットとしては、Save the Children のものがあります。是非読んでみることをお勧めします（http://www.savechildren.or.jp/jpnem/jpn/pdf/PFA.pdf）。

（5）心理的回復スキル（Skills of Psychological Recovery：ＳＰＲ）

National Center for PTSDが作成したこころの回復についてのマニュアルを参考文献として紹介のみします。これは先に出てきたファーストエイドの後に、すなわちトラウマを体験してから数か月後からのこころの回復に寄与するものです。トラウマを体験した後、人はさまざまにその体験を再体験します。繰り返し思い出したり、あのときこうしていれば事態を

表 10-3　心理的ファーストエイドのポイント

関わり，取り組む	被災者に近づいていき，寄り添う。自己紹介をして，今必要なことを聞く
安全と安心感	当面の安全確認をし，被災者が心身を休めることができるようにする
安定化	情緒的に混乱，圧倒されている被災者を鎮め，見通しがもてるようにする
情報収集―現在必要なことと困っていること	今必要としていること，困っていることを把握する
現実的な問題への援助	今必要としていること，困っていることへの現実的援助
身近な人や地域の援助サービスとの連携	身近な人や地域の援助サービスにつなぎ，継続した関係になるよう援助する
コーピングのための情報	ストレスなどへの対処方法を知らせる
つなぐこと	今必要としていること，将来必要となるサービスを紹介しつなぐ

避けられたのではないかと繰り返し考え、後悔し、自分を責めます。それらにアプローチし、こころの回復を目指します。

(6) PTSDの治療法

PTSDの治療は、日本では認知行動療法（Cognitive Behavioral Psycho Therapy）や持続エクスポージャー法（Prolonged Exposure）、EMDR（Eye Movement Desensitization and Reprocessing）が行われています。強い衝撃を受けたあとは、専門的なこころの治療が必要になることがあります。

3　こころの表現方法
――絵や作文など――

(1) 絵による表現

絵の理解　特に年齢の低い子どもたちは、言語よりも絵でこころを表現することが多くあります。次に示す絵を見てください（図10－1）。この絵は文藝春秋の臨時増刊号から転載したものです。

まず絵が何を表現しようとしているのか、ご自身で考えてみてください。次に下の解説を読んでください。文章を読むと、よりこの絵の理解が深まったと思います。これが情報です。サインだけでは不十分ですが、情報を収集することにより、より理解が深まることはすでに学習した通りです。

完成した作品への声がけ　この絵を見たときに、読者の方々はこの女の子にどのように言葉をかけるでしょうか？「地震怖かった？」「大変だったね」などという言葉が浮かびましたか？　それらはとても正しい声がけです。しかし、もしお花畑の絵を見せられたら、どのように声をかけるでしょうか？　おそらく「上手に描けたね」「きれいだね」と声をかけるでしょう。楽しい絵や作品については、自然に声をかけることができるのですが、上記のような災害についての絵や、火事や血だらけの人などの絵を前にすると、見せられた大人が緊張し、どのように声をかけたらよいか躊躇するものです。冒頭の声がけはとても大切ですが、内容についてコメントする前に、まずは子どもが一生懸命描いた絵を

図 10-1　絵で表現されたこころ（文芸春秋増刊「つなみ　被災地のこども 80 人の作文集」2011 年 8 月より転載）　名前等のボカシは引用者による

図 10-2 「まま」への手紙（読売新聞 2011 年 3 月 31 日朝刊より転載）

褒めることから始めます。表現した絵が辛い残酷な体験であっても、表現したものを信頼できる大人に見せてくれたという行動は、それを受け止めてほしい、共有してほしいというこころの表れでもあります。しっかりと受け止め、絵について語りたい様子ならば、しっかりと耳を傾けることが大切です。語りたくない様子ならば、それ以上深入りはしません。

日本人は、タブーというように、触れないことが美徳と考える傾向があります。しかしサインで学んだように、送られたサインには気づいているよとサインを送り返すことが大切です。信頼する大人が見て見ぬフリをすると、子どもは、こういうことは話さないほうが良いのだなと感じ、表現しなくなる可能性があります。

（3）作文、手紙、アンケートなどの表現

学校において作文やアンケートは多く使用されるうえに、題材が多様のため、子どもを知るための大きな材料となります。作文は直接表現できる媒体ではありますが、文章をそのまま受け取るだけでは不十分です。そこからこころを読み取っていきます。子どもたちは「自分はいじめられている。助けてください」とストレートにはなかなか書かないのです。

図10－2は、岩手県宮古市の当時四歳の女の子が「まま」に宛てて書いた手紙です。一文字一文字を一生懸命書いて、一時間くらいかけて書き上げた後、疲れたのか眠ってしまったところの写真だという解説がありました。この女の子はご両親と妹さんを津波で亡くしたそうです。

いろいろな想いが読者の方々のこころにも浮かんできたことでしょう。できることなら、津波の前の幸せな状態に戻したい、と誰もが願うことでしょう。しかし、私たちは無力であり、現実を動かすことはできません。しかし、私たちにできることもあります。それがここで学んでいるこころの理解です。この女の子が何をどう感じているのか、なるべく彼女に近い気持ちを感じられるよう努力を続け、寄り添い、微力であってもその後の生活を支援していくことは可能だと思うのです。

4　こころの表現方法
——遊び——

(1) トラウマ体験を題材としたごっこ遊び

鬼ごっこ、ヒーローごっこ、おままごとなどのごっこ遊びは子どもの遊びの主流です。これらは、子どもたちがこの遊びをしようと思って遊ぶ、意識的に行う遊びです。

トラウマと関係したごっこ遊びもあります。たとえば、「地震ごっこ」「津波ごっこ」「地震速報ごっこ」「遺体運び」などです。

「地震がくるぞー」といって皆で叫んだり大騒ぎをして机の下に入ったりする地震ごっこ、砂場に街並みを作り上げ「津波だー」とバケツの水をひっくり返して作った街を流してしまう「津波ごっこ」、地震速報の音を真似して「わー地震がくる」と大騒ぎする「地震速報ごっこ」、自衛隊の方が畳や担架を使ってご遺体を運ぶ様子を真似して台の上に一人が寝転がりそれを運ぶ「遺体運び」などが報道などもされ、知られるところになっています。これらは発災後数か月の頃に見られる遊びであり、一年以上してから見られることは少ないと思います。

上記の遊びは読んでおられる読者の方々も不快感を感じられたかもしれませんが、多くの大人はこれらを不謹慎と考えます。また、この遊びは、その遊びを見る大人にフラッシュバックを起こすことが多いために、言い様のない不快感が生じます。

では、子どもたちはなぜこのような遊びをするのでしょうか。心理学的視点からは、これらの遊びは、こころの傷を乗り越えるために役立つと考えます。私たちは実際の地震や津波を止めることはできず、無力感を味わいます。しかし遊びにしてしまえば、嫌なら止めることもできますし、すべては自分のコントロール下にあるのです。さらに一緒に遊んでいる仲間がいます。子どもたちは自分が体験したトラウマを再演（再体験）することにより、気持ちや体験を必死に再構築しているのです。

トラウマにまつわる遊びであろうがなかろうが、こころが傷ついたあとに思い切り遊び、思い切り笑うことは子どもにとってとても大切なことですので、まずは思い切り遊べる物理的空間を用意することが必要になると思います。そして遊びの興奮状態から冷めたとき、子どもたちは変わらぬ現実に直面します。この時こそ、教員や保護者が寄り添い、「地震怖かったよね……」というように気持ちに焦点を当て言葉をかけることがこころの支援となることでしょう。

（2）Post traumatic play

虐待された子どもなどにも、人形同士をぶつけ合ったり、ぬいぐるみを殴ったり投げつけるなど、トラウマを再現する遊びが見られます。この遊びを繰り返すだけでは、トラウマのケアにはなりません。この遊びを支持し、乗り越えられるよう支援することが大切です。治療室という安全な空間のなかで、治療者（セラピスト）と共に、あえて人形やぬいぐるみや絵を描くことなどを使用してトラウマを再現させ、そのときの激しい感情を表出させるという、Post traumatic play therapy という治療方法もあります。

（3）象徴遊び・象徴行動

象徴遊びや象徴行動とは、ごっこ遊びと違い、本人は象徴の意味を意識・理解しておらず、よくわからないが繰り返し行ってしまう遊びや行動のことです。繰り返される性的逸脱行為もここに含まれます。こころに傷を負った場合以外でも、日常生活において大人も子どももよくわからないけれど繰り返してしまう行動（反復行動）があります。本人は気がつきませんが、周囲の人には、繰り返される行動は目につきやすく、気がつきやすくなります。対応としては、遊びや行動の意味を伝え（意識化する）、安心感を形成していくことが大切です。

事例を読んで学習しましょう。

【事例1】 阪神淡路大震災後に出会った女の子

震災から約一か月後に長田区の避難所で出会った女の子がいる。おそらく五歳くらいだろう。一緒に遊ぼうというので、一緒に遊んでいると、アルミのバケツを持ってきた。次々運んできたので、五個のバケツが揃い、これを水飲み場に一緒に運んで欲しいと言われた。すると今度は水飲み場のそばに置いてあった台車にそのバケツをのせようとするが、うまくのせられず、がちゃんがちゃんと音がしていた。そこに足早に女性が駆け寄ってきたかと思うと、突然その女の子の頬をピンタした。「またこんなことして！」。私も思わず立ちすくんだが、その女性も私の存在に気がつき、慌てた様子で立ち去っていった。女の子によるとその女性は母親であった。ひとまず一緒にバケツなどを片付け、「またね」と別れた。

【事例2】 東日本大震災後に出会った女の子

震災から約二か月後、東京において、気仙沼市から避難してきた小学校四年生の女の子と母親に出会った。

避難に伴い、東京の小学校に転入したが、今は友達もできて楽しいとのことだった。母親によると、最初のうちは新しい環境に緊張していたが、徐々に学校にも慣れていった。しかし、階段を見ると、時折、一心不乱に階段を駆け上ることがあり、あまりにも真剣な表情のため声をかけることもできない、という相談であった。

まずこの二例の象徴遊び、象徴行動の意味を考えてください。その後以下の解説に読み進んでください。

解説（事例1）　この女の子はバケツを水飲み場に運び、台車を用意することによって、おそらく消火活動をしようとしているのだろう。実際に自宅が火災にあったのかどうかは定かでないが、いずれにしても女の子のこころ（無意識）のなかには火を消さなければならないという想いがあると思われる。

さらに、母親が過剰な反応をしてしまったのは、この女の子の遊びが母親に火事をフラッシュバックさせることが関係していると考えるのが妥当であろう。

この場で、もし私が「お母さん、火を消そうとしてるんだよ」「ここは火事にならないから大丈夫だよ」と即座に伝えることができたならば、今後母親は落ち着いて対応できるようになるであろうし、女の子のこの遊びも必要なくなってくるだろう。このときの私の後悔や無力感については拙著『子どものこころ』に詳細を述べたので参照していただきたい。

解説（事例2）　この女児の行動はおそらく、津波の避難、すなわち高い場所に逃げる、ということと関係しているであろう。一心不乱な様子、繰り返されている行動という点で、象徴的な行動と考えることができる。女児本人はこれらの意味、すなわち津波から逃げようとした恐怖感が残っていて、今も逃げようとしてしまうために、この行動をしているとは意識していない。行動に気がついたときに、「ずいぶん真剣に駆け上がっているね」「大丈夫? すごく速いね」「津波が来そうなときに高いところに逃げたりしたのかな」「ここには津波は来ないから安心してね」などと声をかけることが大切である。

本人が意識していない象徴遊び・象徴行動には、この事例のように、意味を伝えていくことが大切になります。

【課題】

- post traumatic play にはどのようなものがあるかを述べなさい。

第11章　教育相談と連携

1　教育相談とは

（1）日本の教育相談活動

二〇〇六年に全文改正されましたが、一九四七年に教育基本法*が制定されました。日本の教育相談活動は、一九五〇年前後から、すなわち第二次世界大戦後、日本社会における青少年の非行が大きな問題となったことが関係して、行われるようになりました。教育相談は生徒指導と重なる部分もあり、生徒指導の一環と位置づけられていますが、戦後の日本社会では経済成長が求められ、それらに貢献する人材の育成が求められていたため、提供される学校教育には素直に参加するものであり、そこに適応できないのはその個人に問題があるという風潮がありました。しかし近年、経済も発展し、個人の幸福等を視野に入れる社会となった日本において、学校教育に対する要求も変化してきています。この変化のなかで、生徒指導と教育相談という役割の連携や在り方が問われるようになってきているのです。

＊教育についての原則を決めた法律。「人格の完成」「平和で民主的な国家および社会の形成者としての必要な資質を備えた心身ともに健康な国民の育成」を教育の目的に掲げている。

(2) 生徒指導提要による教育相談の意義

一九八八年の教育職員免許法改正において教職に関する科目に「生徒指導」「教育相談」が設けられました。文部科学省による生徒指導提要によると、教育相談の意義は

「教育相談は、一人一人の生徒の教育上の問題について、本人又はその親などに、その望ましい在り方を助言することである。その方法としては、1対1の相談活動に限定することなく、すべての教師が生徒に接するあらゆる機会をとらえ、あらゆる教育活動の実践の中に生かし、教育相談的な配慮をすることが大切である。」とされています。

すなわち、教育相談は、児童生徒それぞれの発達に即して、好ましい人間関係を育て、生活によく適応させ、自己理解を深めさせ、人格の成長への援助を図るものであり、決して特定の教員だけが行う性質のものではなく、相談室だけで行われるものでもありません。

これら教育相談の目的を実現するためには、発達心理学や認知心理学、学校心理学などの理論と実践に学ぶことも大切です。また、学校は教育相談の実施に際して、計画的、組織的に情報提供や案内、

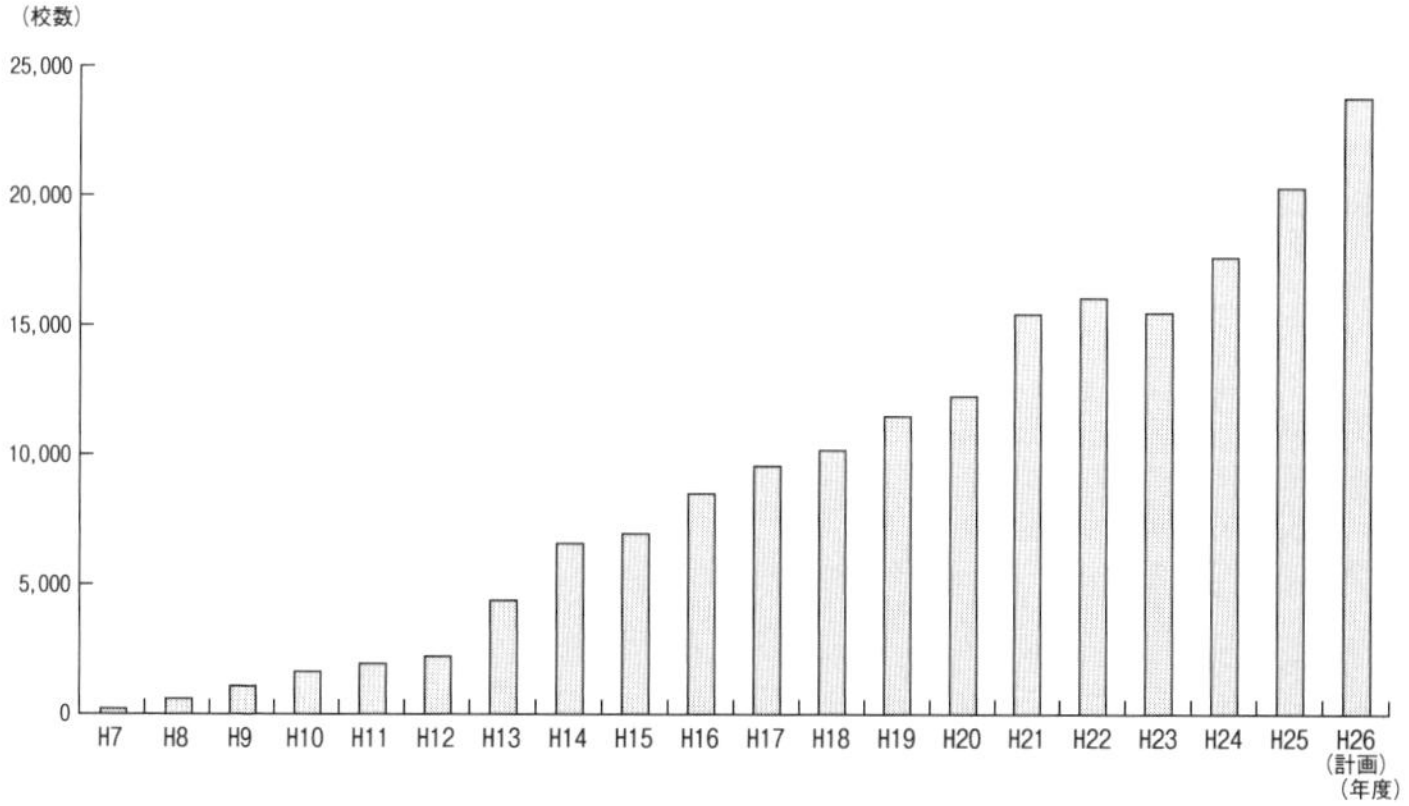

図 11-1　スクールカウンセラーの配置数の推移（文部科学省資料より http://www.mext.go.jp/component/a_menu/education/detail/__icsFiles/afieldfile/2014/11/14/1341643_1.pdf）

説明を行い、実践することが必要となります。

と記されています。

（3）教育相談の担い手

教育相談を行うのは、教員の場合が多いですが、スクールカウンセラーも同様に教育相談を行います。スクールカウンセラーは一九九五年より旧文部省が事業化しました。図11－1にスクールカウンセラーの配置数の推移を示します。現在では、自治体によるものの、公立小中学校にほぼ一〇〇％近い配置となっています。

また、二〇〇八年からはスクールソーシャルワーカーの配置事業も始まり、社会福祉的側面からの相談・連携も可能となりました。便宜的にそれらをまとめると、教員は教育の担い手でありながら、子どものこころを重視します。スクールカウンセラーは心理学の専門家として、子どもや保護者のこころの相談、教員からの子どもにまつわる相談にのります。スクールソーシャルワーカーは福祉の専門家として学校外の働きかけや他機関との連携を主な役割とします。

2　学校における教育相談の特徴

学校における教育相談は、心理学者の行う教育相談や他機関における教育相談とは異なる側面が多くあります。この節では、学校における教育相談の特徴を勉強しましょう。

(1) 実施者と対象者

実施者　すでに説明した通りですが、複数の教員、すなわち学級担任、教育相談担当の教員や養護教諭等、スクールカウンセラー、スクールソーシャルワーカーなど、立場の異なるものが必要に応じて連携して行います。学校では、子どもの問題はすべてその学級担任に責任があると考え、担任が一人で抱え込むことが起こりがちです。しかしこれは大きな間違いであり、学校内の豊富な援助資源をうまく活用してこそ、子どもたちにとって有効な教育相談となりうるのです。

対象者　教育相談は、すべての子ども及びその家族を対象とします。いわゆる問題行動を起こす子どもだけではなく、健康で何の問題も感じられない子ども（それがサインです）に対しても、普段から教育相談的な関わりをします。

(2) 相談の形態と方法

表 11-1　教育相談の形態

個別相談	個別に面談を行う
グループ相談	複数の子ども，あるいは保護者を対象に行う
チーム相談	学校側がチームとなり相談を行う。注：この際子どもは1名で教員のみ複数となることは避ける。子どもが落ち着いて話をするためには，子ども側に担任などが座り，安心感を提供すべきである
呼び出し相談	特定の人を呼び出して行う
チャンス相談	きっかけを捉えて，その場面で声をかける
定期相談	年度始めなど決まった時期に行う
自発相談	子どもから相談してくる
訪問相談	家庭を訪問して行う

教育相談の代表的な形態を表11－1に示しました。学校における教育相談は、主として、教室やカウンセリングルームなどの場所で行います。これらの相談はほとんどの場合、複数回行われます。子どもからの相談に、すぐにアドバイスをしたり、答えを示したりする必要はありません。傾聴し、子ども自身が考えることができるように、発達促進的に支援していくことが大切です。教員は、一回の相談ですべてを解決しようと焦らないことです。また、相談が終わる際は、「何かあればいつでも話してね」といつでも相談の道が開かれていることを伝えます。

（3）情報共有

文部科学省生徒指導提要に、「その時かかわった関係者の中で必要な限度で情報を共有し、それ以外には洩らさないという秘密の保持、個人情報の保護などについての共通認識が求められます」と書かれています。また、守秘義務について「学校では一人の児童生徒に複数の教員がかかわります。それゆえ守秘義務を盾に教育的かかわりの内容や児童生徒についての情報が閉じられてしまうと、学校としての働きかけに矛盾や混乱が生じてしまい、結果的に児童生徒やその保護者を混乱に巻き込むことになりかねません。学校における守秘義務は、情報を「校外に洩らさない」という意味にとらえるべきです」とあります。すなわち、教員にしてもスクールカウンセラーにしても型通りに守秘義務を守り続けると、いじめも虐待も解決することができません。むしろ見て見ぬフリをしたことになります。早期発見・早期解決のためにも、学校組織としての守秘義務と捉え、組織の信頼関係の中で、きちんと情報共有を行うべきです。

【事例】 問題のあるスクールカウンセラー

ある中学に配属されているスクールカウンセラーは、教員からの勧めで相談にきた生徒の情報を、守秘義務があると言って、一切教員に情報提供をしなかった。教員が不満を感じ、同僚に愚痴を漏らすと、「あの人はいつも守秘義務と言って何も教えてくれない」と同様の印象を持っているようだった。ある時、その生徒の顔に大きな痣《あざ》があるので、驚いてスクールカウンセラーのところに行くが、守秘義務だからと門前払いをされた。他の先生たちもひどい痣に驚き、校長に報告をしたりしていると、子育て支援課の担当者が来校した。生徒が近医を受診し、そこから生徒が親から虐待されていると通告があったとのことだった。スクールカウンセラーはその事実を生徒から相談されており、数か月前から把握していた。

このようなスクールカウンセラーは、生徒および学校にとって有害無益な存在としか言えません。きちんと力になってくれる近医を受診したことが、事態の発覚の方向に進めました。

（4）早期発見・早期対応

子どもたちと長い時間を過ごすのが教員です。日常生活のなかで、信頼関係を構築し、子どもたちを理解していれば、小さな変化（サイン）に気がつくことが可能です。学級などにおける子どもの異変に気づき、スクールカウンセラーや諸機関につなぐことができるのは教員のみです。

3　教育相談体制づくり

教育相談に関する校内組織は、「教育相談部として独立して設けられるもの、生徒指導部や進路指導部、学習指導部、保健部などの中に教育相談係といった形で組み込まれるもの、関係する各部門の責任者で構成される委員会として設けられるもの、新たに特別支援教育の分掌組織の中に組み込まれるものなどさまざま」（文部科学省）で、「どのような組織がよいかは、学校種、学校の規模、職員構成、児童生徒の実態や地域性などを勘案して作ることが望ましい」とされています。

（1）チーム学校

複雑化・多様化している問題を解決し、現状を改善するために、学校組織の在り方や業務の在り方を見直すことが必要だということから、チームとしての学校が提唱されました。文部科学省のページには、チーム学校の像として「校長のリーダーシップの下、カリキュラム、日々の教育活動、学校の資源が一体的にマネジメントされ、教職員や学校内の多様な人材が、それぞれの専門性を生かして能力を発揮し、子供たちに必要な資質・能力を確実に身に付けさせることができる学校」としています。教員や専門家がそれぞれの力を発揮し、他職種で組織される学校がチームとして機能するということです。

（2）連携

学校内で連携することは非常に容易なことであり、昨今では、日常的に行われるようになっています。外部諸機関との連携も円滑になってきてはいますが、虐待の発見が遅れるなど、連携の不十分さが浮き彫りになることもあるのが現状です。教育相談の際には、外部との連携が必要となる例が多く、外部機関としては、相談機関、医療機関、警察等があります。教員が早期発見をし、学校内、学校外の諸機関と連携することにより、問題の早期解決につなげることができるのです。

（3）担任支援

教育相談担当教員が、担任とは別に子どもたちや保護者に教育相談を行うことがあります。それと同時に、担任を支援する場合もあります。特に、担任が若手教員、赴任間もない教員、学級経営に難しさを感じている教員などの場合、積極的に情報共有をして連携をします。

4　教育相談と生徒指導

現代の教育場面において、教育相談活動は非常に重要になってきています。冒頭に述べたように、経済も発展し、個人の幸福等を視野に入れる社会となった日本において、学校教育に対する保護者の要求は肥大化し、教員の権威は下がり、指導に従う、という風潮はもはやなくなっています。生徒指導をするにも、教育相談的な個別性や個別の理解を持たないと、一義的に指導をしても通用しなくなっているのです。

教育相談と生徒指導は、相反するものではなく、相補的関係にあります。いわば、母性と父性であり、教育の両輪と考えることができます。一人の教員のなかで父性と母性を上手に使い分けることも重要ですが、チームや連携のなかで役割を分担することも大切です。学年主任や生徒指導主事は父性を担い、担任や養護教諭、スクールカウンセラーが母性を担い、チームで連携して子どもたちに関わることができるのも学校教育相談の特徴となります。

【事例】選択性緘黙の小学校一年生女児

Aさんは、四人家族の長女で三歳下の弟がいる。祖父母も近所に住んでおり、皆に可愛がられて育ってきた。家庭や祖父母宅では何も問題がなかったが、幼稚園入園時（四歳）からあまり人前で話すことが得意ではなかったらしい。しかしそれでも先生の指示に従ったり、友達と遊んだりする際には、最小限のことを話していた。ところが小学校に入学後、数か月してからまったく話さなくなってしまった。先生が何を話しかけても何も答えない。友達が話しかけても少し笑顔になる程度であった。

この事例はこれまでのまとめですので、まずここまで読んだところでAさんの選択性緘黙の原因を考えてみましょう。

母親と面談をすると、母親は「学校に入ってから話さなくなったのだから学校に原因がある。先生が解決してほしい」と面倒くさそうに語った。弟のことで母親は多忙なので、今日面談に来る時間も惜しいのだとも語った。担任はなぜ弟のことで多忙なのかと質問したが、「あなたには関係ない」と言われてしまった。

ここまで読んで、母親をどのように理解し、どのようにアプローチしたら良いか考えましょう。

担任がAさんに少しずつ「はい」「いいえ」で答えられる質問をしたり、関わり続けていくうちに、なんとか頷きを得られるようになった。机にかわいい絵で丸とバツの絵カード（「はい」「いいえ」を指差すためのカード）を置いたところ、喜んで使用していた。母親に再度面談の連絡をしたが、時間がないと断られてしまったので、父親でもいいので来てほしいと依頼すると、父親が来校した。父親からの話では、弟の聴覚障害が見つかって以来、母親は不安定に見える。弟の難聴が進行しているために、言語療法士に言われたトレーニングを自宅で母親が一生懸命やっている。そのとき横からAさんが話しかけると、「あなたは黙っていなさい」と母親がきつく叱っているのが気になっていたという。弟の病院のカウンセラーによると、そのことがAさんの選択性緘黙と関係しているのではないかということだったと語った。

ここまで読んでいただき、母親の責任を問うのは間違った対応方法だということは読者の方は当然ご理解いただいていると思います。母親がなぜこのような状態になっているのかをまず理解します。そしてどうもこの父親は非常に協力的な父親のようですので、今後家族として工夫をしたり役割を分担したりして母親の心身の負担を減らしていく方法を考えてください。そして母親との面談を今後どのように継続していったら良いかを考えてください。今後のAさんとの関わり方も考えてください。

この事例への私の回答は述べずにいようと思います。家族に障害のある子どもがいると、時に家族のバランスが崩れることがあります。そこを教員やスクールカウンセラー、医療従事者などが少し支えると、家族はまた元の姿に戻っていきます。この家族の局面に思いを馳せながら、読者の皆様が自分の考えをまとめ、実践に役立てていただきたいと思います。

【課題】

- チーム学校について説明しなさい。

参考文献

朝日新聞社会部『葬式ごっこ』〈ＴＯＫＹＯブックス〉東京出版、一九八六年。

飛鳥井望『ＰＴＳＤとトラウマのすべてがわかる本』〈健康ライブラリーイラスト版〉講談社、二〇〇七年。

小此木啓吾『母親に語る「しつけ」の精神分析――幼稚園児・小学生の間に身につけてほしい心』金子書房、一九九八年。

オレンジリボン運動（http://www.orangeribbon.jp）

「学校における教育相談に関する資料」平成二七年一二月（http://www.mext.go.jp/b_menu/shingi/chousa/shotou/120/gijiroku/__icsFiles/afieldfile/2016/02/12/1366025_07_1.pdf）

河合隼雄『Ｑ＆Ａこころの子育て　誕生から思春期までの48章』朝日文庫、二〇〇一年。

河村茂雄『教師のための失敗しない保護者対応の鉄則』学陽書房、二〇〇七年。

河村茂雄編著『教育相談の理論と実際――よりよい教育実践をめざして』図書文化、二〇一二年。

「義務教育の段階における普通教育に相当する教育の機会の確保等に関する法律（概要）」（主に不登校に対するものです）平成二九年三月（http://www.mext.go.jp/a_menu/shotou/seitoshidou/1380956.htm）

教育問題の解決方法を考える（http://hiro12.cocolog-nifty.com/blog/　ブログですが、さまざまな先生方が記事を書き、日々更新されています）

教職員のメンタルヘルス対策検討会議「教職員のメンタルヘルス対策について（最終まとめ）」平成二五年三月

（http://www.mext.go.jp/component/b_menu/shingi/toushin/__icsFiles/afieldfile/2013/03/29/1332655_03.pdf）
共同通信大阪社会部『大津中２いじめ自殺――学校はなぜ目を背けたのか』ＰＨＰ新書、二〇一三年。
京都府教育委員会（http://www1.kyoto-be.ne.jp/gakkyou/gyakutai/gyakutai.htm）
小泉英二『登校拒否――その心理と治療』学事出版、一九七三年。
厚生労働省「児童虐待の定義と現状」（http://www.mhlw.go.jp/seisakunitsuite/bunya/kodomo/kodomo_kosodate/dv/about.html）
「こころの耳」働く人のメンタルヘルス・ポータルサイト（http://kokoro.mhlw.go.jp）
齊藤万比古『不登校対応ガイドブック』中山書店、二〇〇七年。
坂田仰編『いじめ防止対策推進法――全条文と解説』学事出版、二〇一三年。
児童発達支援ガイドライン（http://www.mhlw.go.jp/file/06-Seisakujouhou-12200000-Shakaiengokyokushougaihokenfukushibu/0000171670.pdf）
原田眞理編著『教育相談の理論と方法　小学校編』玉川大学出版部、二〇一六年。
初等中等教育局児童生徒課「平成27年度スクールカウンセラー等活用事業実践活動事例集」平成二八年一〇月（http://www.mext.go.jp/a_menu/shotou/seitoshidou/__icsFiles/afieldfile/2016/11/08/1379093_1.pdf）
須藤康介「学級崩壊の社会学―ミクロ要因とマクロ要因の実証的検討」『明星大学研究紀要　教育学部』第五号、二〇一五年。
高木隆郎「登校拒否の理解」内山喜久雄編『登校拒否』金剛出版、一九八三年。
高橋三郎・大野裕監訳『ＤＳＭ－５　精神疾患の診断・統計マニュアル』医学書院、二〇一四年。
田中智志・橋本美保監修、羽田紘一編著『新・教職課程シリーズ　教育相談』一藝社、二〇一四年。
戸部けいこ『光とともに…――自閉症児を抱えて――』秋田書店。
中島一憲『先生が壊れていく――精神科医のみた教育の危機』弘文堂、二〇〇三年。

National Center for PTSD（https://www.ptsd.va.gov/index.asp）

西澤哲『子ども虐待』講談社現代新書、二〇一〇年。

日本精神神経学会・高橋三郎『DSM‐5精神疾患の診断・統計マニュアル』医学書院、二〇一四年。

日本トラウマティック・ストレス学会（http://www.jstss.org/topics/01/）

原田眞理『学級経営読本』玉川大学出版部、二〇一二年、第7章。

原田眞理『新しい教育事情　第2版』二〇一七年、第8部第2章。

原田眞理編著『教育相談の理論と方法　小学校編』玉川大学出版部、二〇一六年。

平井信義『登校拒否児――学校ぎらいの理解と教育』新曜社、一九七八年。

プルスアルハ『子どもの気持ちを知る絵本①わたしのココロはわたしのもの――不登校って言わないで』ゆまに書房、二〇一四年。

『文藝春秋　臨時増刊「つなみ」』二〇一一年八月号。

本田秀夫『子どもから大人への発達精神医学――自閉スペクトラム・ADHD・知的障害の基礎と実践』金剛出版、二〇一三年。

森田洋司『いじめとは何か――教室の問題、社会の問題』中公新書、二〇一〇年。

文部科学省「いじめの問題に対する取組み事例集」（http://www.mext.go.jp/a_menu/shotou/seitoshidou/1353423.htm）

文部科学省「いじめ防止対策推進法交付について（通知）」（http://www.mext.go.jp/a_menu/shotou/seitoshidou/1337219.htm）

文部科学省「虐待を受けた子どもへの具体的なかかわり［学校でできること］」（http://www.mext.go.jp/component/a_menu/education/detail/__icsFiles/afieldfile/2012/09/28/1280766_9.pdf）

文部科学省「教員のメンタルヘルスの現状」平成二四年三月（http://202.232.190.211/b_menu/shingi/chousa/shotou/088/shiryo/__icsFiles/afieldfile/2012/03/16/1318684_001.pdf）
文部科学省「国立教育政策研究所生徒指導研究センター　いじめ問題に関する取組事例集」二〇〇七年（https://www.nier.go.jp/shido/centerhp/ijime-07/zentai00.pdf）
文部科学省「児童虐待防止と学校」（http://www.mext.go.jp/a_menu/shotou/seitoshidou/1280054.htm）
文部科学省「性同一性障害や性的指向・性自認に係る、児童生徒に対するきめ細やかな対応等の実施について（教職員向け）」（http://www.mext.go.jp/b_menu/houdou/28/04/__icsFiles/afieldfile/2016/04/01/1369211_01.pdf）
文部科学省「生徒指導提要」（http://www.mext.go.jp/b_menu/houdou/22/04/1294538.htm）
文部科学省『生徒指導提要』二〇一〇年。
文部科学省「平成22年度「児童生徒の問題行動等生徒指導上の諸問題に関する調査」について」二〇一一年。
文部科学省「平成28年度学校基本調査（速報値）の公表について」（http://www.mext.go.jp/b_menu/houdou/29/10/1397646.htm2015.11.12　二〇一八年二月二日最終アクセス）
文部科学省　国立教育政策研究所　生徒指導・進路指導研究センター「生徒指導リーフ」二〇一三年（http://www.nier.go.jp/shido/leaf/leaf12.pdf）
矢野輝雄『いじめ・体罰・校内暴力——保護者の法的対応マニュアル』信山社、二〇一三年。
B・O・ロスバウム他『PTSDの持続エクスポージャー療法ワークブック——トラウマ体験からあなたの人生を取り戻すために』星和書店、二〇一二年。

おわりに

この本の校正をしている間にも、目黒区の五歳女児の虐待死、新幹線の中の死傷事件、大阪の震度六弱の地震など、いろいろなことが起きています。多くの人が報道に驚き、こころを寄せ、ご冥福を祈っておられます。このようなとき、私たち人間には、どんなに望んでもできないことがあり、強い無力感を味わいます。しかしだからこそ、できることは実行していくことが大切だと思うのです。一人ひとりの人間としては身近なことから、そして大きなところでは社会、国として、他人事ではなくしっかりと実行していくことだと思うのです。虐待については、文部科学省と厚生労働省が二〇一八年三月に「家庭と教育と福祉の連携「トライアングル」プロジェクト報告」を取りまとめており、五月二四日に「教育と福祉の一層の連携等の推進について（通知）」がでました。体験を無駄にせず、さまざまな取り組みなどが見直されています。しかし、介入していたが被虐待児が死亡したという事件は何度も耳にしており、このたびの大阪の地震で倒れたブロック塀については、阪神淡路大震災のときから明確に指摘されていました。行政や国に任せるのではなく、私たち一人ひとりが他者を思いやりながら生活し、声をあげていくことが大切なのではないでしょうか。

アメリカから帰国して、ベビーカーや車椅子を押して外を歩くと、日本はなんと弱者の暮らしにくい国かと感じます。道路はデコボコで段差だらけです。アメリカではそれらを押していると、通行人はさっとスペースを空けてくれます。しかし日本では、通勤で急ぎ足の人たちは邪魔そうな態度をあからさまにします。というよりも、とてもあの混雑の駅を利用できるとは思えません。子育て支援は一定の効果がありますが、ショッピングモールで車椅子の人に出会うこともほとんどありません。車椅子の人はどこで生きているのでしょうか?

WHOのいう健康の定義は「健康とは、身体、精神、及び社会的に完全に良い状態であることを意味し、単に病気ではないとか、虚弱ではないということではない」(筆者訳)です。こころと身体の安定を保ちながら生きていくことが大切です。そのためには、やはり人との関わりや支え合いが大切なのです。

東日本大震災以来、避難者の方々からいろいろなことを教えていただきました。また、自分自身の人生の中で大きな出来事を体験し、時に真っ黒い闇の中に吸い込まれそうになることもありましたが、いろいろなことを考え感じました。その中で、自分自身の信念を確認し、この本を出版できるようになりましたのも、娘たちをはじめとして、亡き父、闘病中の母、そして周囲の方々の支えがあったからだと感謝しております。

執筆の段階からご意見をくださったナカニシヤ出版の石崎雄高様にも心から感謝申し上げます。

著者略歴

原田眞理（はらだ・まり）

1988年　聖心女子大学文学部卒業。

1996年　東京大学大学院医学系研究科。博士（保健学）。

現　在　玉川大学教育学部教授（専攻／臨床心理学・精神分析・disaster mental health）。日本臨床心理士資格認定協会臨床心理士，日本精神分析学会認定心理療法士。

著　書　『子どものこころ』（ナカニシヤ出版，2011年），『教育相談の理論と方法　小学校編』〔編著〕（玉川大学出版部，2016年），『教育相談の理論と方法　中学校高校編』〔編著〕（玉川大学出版部，2015年），『学級経営読本』〔共著〕（玉川大学出版部，2012年），『女子大生がカウンセリングを求めるとき』〔共著〕（ミネルヴァ書房，2002年），『カウンセラーのためのガイダンス』〔共著〕（ブレーン出版，1997年），他。

子どものこころ、大人のこころ

――先生や保護者が判断を誤らないための手引書――

2018年 8月30日　初版第1刷発行

2024年11月28日　初版第2刷発行

著　者　原田眞理

発行者　中西　良

発行所　株式会社　ナカニシヤ出版

〒606-8161　京都市左京区一乗寺木ノ本町15

電　話（075）723-0111

FAX（075）723-0095

http://www.nakanishiya.co.jp/

印刷・製本／創栄図書印刷

＊乱丁本・落丁本はお取り替え致します。

ISBN978-4-7795-1298-8　Printed in Japan